EDUCAÇÃO PROFISSIONAL INCLUSIVA

Dados Internacionais de Catalogação na Publicação (CIP)
(Câmara Brasileira do Livro, SP, Brasil)

Souza, Sandra Freitas de
 Educação profissional inclusiva : uma oportunidade para pessoas com deficiência / Sandra Freitas de Souza, Maria Auxiliadora Monteiro Oliveira. – 1. ed. – Petrópolis, RJ : Vozes, 2021.

 Bibliografia
 ISBN 978-65-5713-177-0

 1. Educação – Finalidades e objetivos 2. Educação profissional 3. Educação inclusiva 4. Pessoas com deficiência – Educação 5. Professores – Formação I. Oliveira, Maria Auxiliadora Monteiro. II. Título.

21-57234 CDD-370.904

Índices para catálogo sistemático:
1. Pessoas com deficiência : Educação profissional
371.904

Maria Alice Ferreira – Bibliotecária – CRB-8/7964

SANDRA FREITAS DE SOUZA
MARIA AUXILIADORA MONTEIRO OLIVEIRA

EDUCAÇÃO PROFISSIONAL INCLUSIVA

UMA OPORTUNIDADE PARA PESSOAS COM DEFICIÊNCIA

EDITORA VOZES

Petrópolis

© 2021, Editora Vozes Ltda.
Rua Frei Luís, 100
25689-900 Petrópolis, RJ
www.vozes.com.br
Brasil

Todos os direitos reservados. Nenhuma parte desta obra poderá ser reproduzida ou transmitida por qualquer forma e/ou quaisquer meios (eletrônico ou mecânico, incluindo fotocópia e gravação) ou arquivada em qualquer sistema ou banco de dados sem permissão escrita da editora.

CONSELHO EDITORIAL

Diretor
Gilberto Gonçalves Garcia

Editores
Aline dos Santos Carneiro
Edrian Josué Pasini
Marilac Loraine Oleniki
Welder Lancieri Marchini

Conselheiros
Francisco Morás
Ludovico Garmus
Teobaldo Heidemann
Volney J. Berkenbrock

Secretário executivo
João Batista Kreuch

Editoração: Leonardo A.R.T. dos Santos
Diagramação: Sheilandre Desenv. Gráfico
Revisão gráfica: Fernando Sergio Olivetti da Rocha
Capa: Ygor Moretti
Ilustração de capa: Otto Freundlich, 1931.

ISBN 978-65-5713-177-0

Editado conforme o novo acordo ortográfico.

Este livro foi composto e impresso pela Editora Vozes Ltda.

SUMÁRIO

Educação inclusiva e educação profissional, 7

1 Inclusão: ideias iniciais, 9

2 A educação inclusiva e a escola inclusiva, 16

3 A educação especial na perspectiva da inclusão, 40

4 A construção de salas de aula inclusivas, 45

5 Educação profissional inclusiva – Uma busca de melhores condições de formação para o mundo do trabalho, 63

6 A educação profissional inclusiva na atualidade, 75

7 O trabalho do professor na perspectiva da educação profissional inclusiva, 83

8 A educação profissional inclusiva e o novo mercado de trabalho, 98

Referências, 115

EDUCAÇÃO INCLUSIVA E EDUCAÇÃO PROFISSIONAL

Sandra Freitas de Souza
Maria Auxiliadora Monteiro Oliveira

A educação inclusiva, considerada como uma proposta de trabalho com a diversidade, tem encontrado alguns, mesmo que poucos, espaços de inserção na educação básica e superior. No entanto, a educação profissional, considerada como modalidade de educação com grande importância para a formação dos indivíduos, principalmente para o mundo do trabalho, tem recebido pouca atenção dessa proposta.

O objetivo deste estudo tem como foco a busca de um diálogo entre essas duas modalidades, para que se torne possível pensar em uma educação de qualidade para todos os sujeitos, independentemente de suas diferenças, com uma efetiva inserção no mundo laboral.

1 INCLUSÃO: IDEIAS INICIAIS

Sobre o conceito de inclusão, Castro e Freitas (2008) afirmam ser importante se pensar na conquista e no exercício da cidadania. Dessa forma, pensar em inclusão é muito mais do que pensar nas pessoas com deficiência ou com Necessidades Educacionais Especiais (NEE), pois se trata de pensar na diversidade como uma condição humana, na qual todos precisam ser vistos e valorizados nas suas diferenças e no direito de usufruírem de todos os bens sociais. Silva (2015, p. 101) afirma que

> [...] entendemos a inclusão em uma dimensão mais ampla, que está relacionada ao respeito às diferenças e à diversidade das pessoas, uma vez que a diferença não significa desigualdade, mas ampliação da riqueza cultural que caracteriza cada ser humano, cada grupo social. Ou seja, possibilita a incorporação dos direitos das pessoas, sem nenhuma distinção, considerando que todas são sujeitos de direitos, legalmente constituídos conforme as legislações do país sem, contudo, desconsiderar as suas especificidades, as suas diferenças e o respeito à diversidade.

Entretanto, mesmo que estejam garantidos em lei os direitos de todas as pessoas de usufruírem dos bens disponíveis socialmente, quando existe rejeição pelo sujeito considerado "diferente", essa diferença se transforma em desigualdade, pois, apesar de o sujeito se posicionar reivindicando seu lugar na sociedade, a discriminação[1] se torna latente. Essa discriminação se acirra quando o sujeito pertence a grupos minoritários, como é o caso das pessoas com deficiência, mesmo que o artigo 4º da Lei Brasileira de Inclusão (LBI) disponha que "toda pessoa com deficiência tem direito à igualdade de oportunidades com as demais pessoas e não sofrerá nenhuma espécie de discriminação" (BRASIL, 2015). Por isso, deve-se compreender a subjetividade desses sujeitos e as exigências sociais que recaem sobre eles. Carvalho (2008, p. 45) alerta para a necessidade dessa compreensão, afirmando que

> [...] trata-se de um permanente e inadiável desafio. Cada ser humano tem a sua singularidade própria, forjada em passados e presentes que se projetam e o projetam em futuros possíveis. É, assim, insubstituível e irrepetível. Também por isso, o que não fizermos hoje pode vir a ser tarde amanhã.

Por meio do estudo da história da humanidade, descobre-se que os sujeitos que apresentavam qualquer deficiência sofreram todo tipo de rejeição, sendo que sua aceitação só se iniciou devido às reivindicações sociais que exigiram os mesmos direitos inerentes ao restante da população. Fraser (2001, p. 245) afirma que "a luta pelo reconhecimento tornou-se rapidamente a forma paradigmática de conflito político no fim do século XX. Demandas por 'reconhecimento das diferenças' alimentam a luta de grupos mobilizados".

Dessa forma, em todo percurso histórico desses sujeitos, identificam-se diversas formas de atendimento a eles, que vão da total exclusão às propostas atuais de inclusão, passando por situa-

---

[1] O § 1º do artigo 4º da Lei n. 13.146, de 2015 (LBI) dispõe que "Considera-se discriminação em razão da deficiência toda forma de distinção, restrição ou exclusão, por ação ou omissão, que tenha o propósito ou o efeito de prejudicar, impedir ou anular o reconhecimento ou o exercício dos direitos e das liberdades fundamentais de pessoa com deficiência, incluindo a recusa de adaptações razoáveis e de fornecimento de tecnologias assistivas" (BRASIL, 2015).

ções de segregação institucional e integração[2] (SASSAKI, 1997). Esses posicionamentos, na opinião de Souza (2008, p. 24), "decorrem de transformações sócio-históricas, de alterações nas concepções de homem e do seu papel na sociedade".

Corroborando essas ideias, Carvalho (1997) afirma que a maneira como os sujeitos com deficiência vêm sendo tratados está ligada aos sentimentos e conhecimentos peculiares a cada época histórica, às exigências socioculturais e à concepção de homem e de mundo; assim, Freitas e Castro (2008, p. 69) consideram que "a deficiência, como fenômeno humano, individual e social, é determinada também pelas representações socioculturais de cada comunidade em diferentes momentos históricos e pelo nível de desenvolvimento econômico, político e científico da sociedade". Dessa forma, "disputas por reconhecimento acontecem em um mundo de desigualdade material exacerbada – na renda e posse de propriedades; no acesso a trabalho assalariado, educação, cuidado de saúde e lazer" (FRASER, 2001, p. 246).

Esse conceito de "reconhecimento", exposto por essa autora, traduz o momento histórico vivenciado pelas pessoas com deficiência, que têm reivindicado seus direitos sociais, diante das injustiças que sofreram durante séculos. Fraser (2001) nomeia essas injustiças como culturais ou simbólicas, pois estão ligadas a padrões sociais de representação, interpretação e comunicação e as exemplifica:

- dominação cultural (sendo sujeitos a padrões de interpretação e de comunicação associados a outra cultura estranha e/ou hostil);
- não reconhecimento (ser considerado invisível pelas práticas representacionais, comunicativas e interpretativas de uma cultura);

---

2. Para um maior aprofundamento sobre as características peculiares de cada uma dessas fases, cf. Souza (2008, p. 24-31).

- desrespeito (ser difamado habitualmente em representações públicas estereotipadas culturais e/ou em interações cotidianas) (FRASER, 2001, p. 250).

Importante ressaltar, também, que nas discriminações sofridas pelos sujeitos considerados "diferentes", considera-se tanto um padrão social, no qual cada sociedade define para si o que é considerado como "perfeito" quanto uma questão temporal, das representações feitas em cada época. Dessa forma, o padrão de normalidade/perfeição pode ser variável e, quanto mais exigente ele for em determinada época e em determinada sociedade, mais evidente se encontra a condição de deficiência. Para Castro e Freitas (2008, p. 69), "a deficiência, como fenômeno humano, individual e social é determinada também pelas representações socioculturais de cada comunidade, em diferentes momentos históricos, e pelo nível de desenvolvimento econômico, político e científico da sociedade".

Por isso, a propositura da educação inclusiva, que visa a atender à diversidade, não pode ser entendida como um modismo, mas como uma necessidade que vem sendo posta às escolas e à sociedade. A esse respeito, Gomes (2007, p. 22-23) afirma que

> [...] trabalhar com a diversidade na escola não é um apelo romântico do final do século XX e início do século XXI. Na realidade, a cobrança hoje feita em relação à forma como a escola lida com a diversidade no seu cotidiano, no seu currículo, nas suas práticas, faz parte de uma história mais ampla. Tem a ver com as estratégias por meio das quais os grupos humanos considerados diferentes passaram cada vez mais a destacar politicamente as suas singularidades, cobrando que as mesmas sejam tratadas de forma justa e igualitária, desmistificando a ideia de inferioridade que paira sobre algumas dessas diferenças socialmente construídas e exigindo que o elogio à diversidade seja mais do que um discurso sobre a variedade do gênero humano.

Ora, se a diversidade faz parte do acontecer humano, então a escola, sobretudo a pública, é a instituição social na qual as diferentes presenças se encontram. Então, como essa instituição poderá omitir o debate sobre a diversidade? E como os currículos poderiam deixar de discuti-la?

Esses exemplos denotam a trajetória de rejeição e discriminação vivenciada pelas pessoas com deficiência. Assim, o século XXI se inicia com uma proposta de inclusão, traduzida como trabalho com a diversidade, posicionando esses sujeitos em uma situação de igualdade, podendo usufruir de todos os recursos sociais disponíveis. "O remédio para injustiça cultural é algum tipo de mudança cultural ou simbólica. Isso poderia envolver reavaliação positiva de identidades desrespeitadas e dos produtos culturais dos grupos marginalizados" (FRASER, 2001, p. 252). A autora afirma que esse remédio pode ser denominado pelo termo genérico "reconhecimento" (FRASER, 2001).

Outro remédio que pode ser usado para as injustiças direcionadas a esses sujeitos pode estar na letra da lei. Recentemente, foi promulgada no Brasil a Lei n. 13.146 de 6 de julho de 2015, a Lei Brasileira de Inclusão (Estatuto da Pessoa com Deficiência), que, conforme o que está estabelecido no seu artigo 1º, é "destinada a assegurar e a promover, em condições de igualdade, o exercício dos direitos e das liberdades fundamentais por pessoa com deficiência, visando à sua inclusão social e cidadania" (BRASIL, 2015).

No entanto, essas mudanças não são fáceis de concretizar, pois as concepções negativas a respeito das pessoas com deficiência são transmitidas por meio das sucessivas gerações e o preconceito acaba sendo aprendido e difícil de ser desfeito. Para Carvalho (1997, p. 15), "a humanidade transmite o seu legado para as gerações que se sucedem. As convicções mudam, os conhecimentos se multiplicam e passam a explicar de formas diferentes os diversos fenômenos. Sobre a concepção de deficiência, a história revela igual trajetória". Mazzotta (2005, p. 15) considera que

> [...] um consenso social pessimista, fundamentado essencialmente na ideia de que a condição de "incapacitado", "deficiente", "inválido" é uma condição imutável, levou à completa omissão da sociedade em relação à organização de serviços para atender às necessidades individuais específicas dessa população [...] a defesa da cidadania e do direito à educação das pessoas portadoras[3] de deficiência é atitude muito recente em nossa sociedade. Manifestando-se por meio de medidas isoladas, de indivíduos ou grupos, a conquista e o reconhecimento de alguns direitos dos portadores de deficiências podem ser identificados como elementos integrantes de políticas sociais a partir de meados do século passado.

O preconceito contra essas pessoas configurou-se e ainda se configura "como um mecanismo de negação social, uma vez que suas diferenças são ressaltadas. A deficiência inscreve no próprio corpo do indivíduo seu caráter particular" (SILVA, 2006, p. 426). No entanto, é preciso considerar que as mudanças que vêm se processando desde o final do século XX podem ser consideradas como avanços sociais, ou seja, saiu-se de um paradigma centrado no culto ao perfeito e ao belo aparente, característico da Grécia antiga (CARVALHO, 1997), para uma situação em que os direitos desses sujeitos começam a ser reconhecidos, "mas aos poucos, es-

---

3. Nesta obra, optou-se por ser fiel à forma de escrita utilizada pelo autor, embora se saiba que a palavra "portador" e seus derivados não devem mais ser usados quando se trata de assuntos relativos à inclusão. "Portar" está relacionado à ideia de "carregar" e as pessoas com deficiência não "carregam" sua deficiência, mas esta faz parte de sua identidade, como uma característica. Atualmente, ao invés de utilizar a expressão "pessoa portadora de deficiência", utiliza-se "pessoa com deficiência", considerando a deficiência uma das características da pessoa.

tamos evoluindo. A deficiência, por certo, vem perdendo a sua natureza maniqueísta, seu caráter de bem e mal, de luz ou de trevas. Começa a ser vista como uma condição humana" (CARVALHO, 1997, p. 20).

De acordo com Freitas (2008), com a ampliação da luta pelos direitos humanos, a inclusão passou a ser discutida, em todo o mundo, nos mais diversos âmbitos sociais. Em decorrência, diversos documentos legais foram sendo construídos para garantir, a esses sujeitos, seus direitos. A esse respeito, Cury (2005, p. 35-36) afirma que

> [...] foi a pressão dos grupos cujas peculiaridades humanas foram violentadas por não serem positivamente consideradas que fez nascer um movimento de recusa e de afirmação. Recusa à discriminação e ao preconceito, afirmação de uma nova subjetividade, enfim reconhecida, na qual o outro é posto como igual e, portanto, participante da decisão.

Cury (2005) reafirma a ideia de que os direitos desses sujeitos, reconhecidos por diversos documentos normativos, tiveram origem nessas pressões "impostas" por eles que, no âmbito da sociedade, eram considerados como seres rejeitados. Segundo esse autor:

> [...] a inserção da diferença na Constituição e nas outras leis não se deveu a uma luz especial de uma comissão de sábios, ou a uma doação magnânima de elites compadecidas, ou de déspotas esclarecidos. A conjugação complementar, recíproca e dialeticamente relacionada da diferença com o princípio da unidade essencial da igualdade entre todos os homens decorreu de pressões conscientes feitas por grupos sociais que, de longa data, foram objeto de violência, seja ela econômica, política ou cultural, seja ela física ou simbólica (CURY, 2005, p. 35).

2 A EDUCAÇÃO INCLUSIVA E A ESCOLA INCLUSIVA

Adentrando-se, então, na especificidade da educação inclusiva, as discussões acerca dessa proposta ainda se encontram "acaloradas" neste início do século XXI, embora seus princípios e pressupostos já deveriam estar assegurados e definidos, considerando que essa questão teve início na década de 1990, quando vários documentos normativos dispuseram que crianças, jovens e adultos, independentemente de suas diferenças, deveriam frequentar espaços escolares comuns, junto a seus pares, o que traria benefícios de desenvolvimento para todos. De acordo com um documento publicado em 2008 pelo Ministério da Educação (MEC), intitulado *Política nacional de educação especial na perspectiva da educação inclusiva*, "o movimento mundial pela educação inclusiva é uma ação política, cultural, social e pedagógica, desencadeada em defesa do direito de todos os estudantes de estarem juntos, aprendendo e participando, sem nenhum tipo de discriminação" (BRASIL, 2008).

O primeiro passo para a implementação das escolas consideradas como inclusivas foi dado após a elaboração de políticas públicas que exigiram que elas realizassem mudanças substanciais, em seus cotidianos e nas suas concepções de inclusão, não só nos aspectos materiais, mas, principalmente, nas suas propostas pedagógicas. Para Sassaki (2002, p. 17), é preciso que se entenda que a inclusão escolar deve ser compreendida como

> [...] o processo pelo qual uma escola procede, permanentemente, à mudança do seu sistema, adaptando suas estruturas físicas e programáticas, suas metodologias e tecnologias e capacitando continuamente seus professores, especialistas, funcionários e demais membros da comunidade escolar, inclusive todos os alunos e seus familiares e a sociedade em seu entorno.

O documento publicado pelo MEC considera que a educação inclusiva é um paradigma educacional que está fundamentado na concepção de direitos humanos. Dessa forma, ele conjuga igualdade e diferença como valores indissociáveis, avançando em relação à ideia de equidade formal ao contextualizar as circunstâncias históricas da produção da exclusão dentro e fora da escola (BRASIL, 2008). Assim, deve-se reconhecer as pessoas com deficiência como sujeitos de direitos, reafirmando, conforme explicita Silva (2011, p. 28),

> [...] o ideal de uma sociedade que considere como prioridade o cumprimento do direito que todos os seres humanos têm de ter uma boa vida em que sejam plenamente satisfeitas todas as suas necessidades vitais, sociais, históricas. [...] Com os significados de: igualdade, direitos sociais, justiça social, cidadania, espaço público.

A esse respeito, Prioste, Raiça e Machado (2006, p. 41) entendem que "falar de educação inclusiva é, acima de tudo, proclamar os direitos humanos e universais", e Castro e Freitas (2008, p. 49) afirmam que "a educação inclusiva se baseia no ideário da educação como direito de todos, comprometida com a cidadania e com a formação de uma sociedade democrática, não excludente, promovendo o convívio com a diversidade", uma vez que esses direitos preconizam que uma educação de qualidade deve ser oferecida a todos os estudantes, independentemente de suas diferenças, e que, por isso, deve lhes ser acessível. Para Carvalho (2008, p. 42),

[...] a escola inclusiva é, pois, a que não é indiferente à diferença; mas, antes, que contempla as semelhanças que naturalmente existem, ao mesmo passo que valoriza a antropodiversidade das suas populações. Nesse entendimento, diferença e igualdade não são necessariamente ideias dicotômicas, tudo depende dos contextos em que se manifestam.

Nas várias definições relativas à educação inclusiva, fica clara a preocupação com a qualidade da educação e que ela deve contemplar a totalidade dos sujeitos. No entanto, segundo Carvalho (2004), o conceito de educação inclusiva dispõe não apenas sobre a necessidade de que ela seja de qualidade e para todos, mas que também proporcione os modos e os meios, para que sejam removidas as barreiras de aprendizagem, oportunizando a todos a participação efetiva no processo de ensino e aprendizagem. Para essa autora, "educação inclusiva é educação de boa qualidade para todos e com todos, buscando-se meios e modos de remover as barreiras para a aprendizagem e para a participação dos aprendizes" (CARVALHO, 2004, p. 64).

É preciso que as escolas reconheçam, efetivamente, os direitos dos estudantes, suas potencialidades de aprendizagem, lançando mão dos serviços e das estratégias por elas disponibilizados. Sobre esse aspecto, a Declaração de Salamanca[4] dispõe que "se fazem necessárias mudanças em diversos aspectos da prática docente, tais como: currículo, prédios, organização escolar, pedagogia,

---

4. A *Declaração de Salamanca*, sobre os princípios, políticas e práticas na área das necessidades educativas especiais, foi elaborada na Conferência Mundial de Educação Especial, na qual estiveram presentes os representantes de 88 governos e 25 organizações internacionais, em Salamanca, na Espanha, entre os dias 7 e 10 de junho de 1994. Nesse encontro foi reafirmado o compromisso para com a educação para todos, reconhecendo a necessidade e urgência do providenciamento de educação para as crianças, jovens e adultos com necessidades educacionais especiais dentro do sistema regular de ensino e reendosso da estrutura de ação em educação especial, em que, pelo espírito de cujas provisões e recomendações, governo e organizações deveriam ser guiados (UNESCO, 1994).

avaliação, pessoal, filosofia da escola e atividades extracurriculares" (UNESCO, 1994, p. 8). No entanto, de acordo com Carvalho (2004, p. 86), a proposta da educação inclusiva tem gerado alguns equívocos, entre os quais se destacam:

- supor que é assunto específico da educação especial;
- acreditar que a proposta é dirigida, apenas, a alunos portadores de deficiência ou das condutas típicas[5] das síndromes neurológicas, psiquiátricas ou com quadros psicológicos graves;
- supor que alunos com altas habilidades/superdotação não são sujeitos da proposta de inclusão educacional escolar;
- exigir diagnóstico clínico para promover a inclusão de deficientes no ensino regular;
- afirmar que o paradigma da inclusão "supera" o da integração[6];
- desconsiderar as necessidades básicas para a aprendizagem de qualquer aluno, banalizando essas necessidades e/ou atribuindo-as a problemas do indivíduo;
- privilegiar, na inclusão, o relacionamento interpessoal (socialização) em detrimento dos aspectos cognitivos;
- limitar a "leitura de mundo" à sala de aula, isto é, supor que a inclusão é um fim em si mesma quando, na verdade, é um processo contínuo e permanente que envolve a família, a escola, o bairro, a comunidade.

---

5. Durante muito tempo, a expressão "condutas típicas" foi utilizada para caracterizar manifestações de comportamento típicas de síndromes e quadros psicológicos complexos, neurológicos ou psiquiátricos persistentes. Essa expressão foi substituída por "Transtornos Globais do Desenvolvimento" (TGD), na atualização da Lei n. 9.394, de 1996, por meio da redação dada pela Lei n. 12.796, de 2013, mas de acordo com a quinta versão do *Manual diagnóstico e estatístico de transtornos mentais* (DSM-V), publicada em 2013, esse termo foi, novamente, substituído por "Transtorno do Espectro do Autismo" (TEA).

6. A integração foi uma proposta, iniciada em meados do século XX, que reconheceu as pessoas com deficiência como sujeitos de direitos. No entanto, elas precisavam "melhorar" sua condição de deficiência para usufruírem dos bens sociais, inclusive da educação. Era inerente a essa proposta o conceito de "normalização" que objetivava tornar essas pessoas o mais próximo possível de uma condição considerada "normal", para os padrões da época, não aceitando sua condição de deficiência. As ideias inerentes à integração têm sido rejeitadas pela proposta da inclusão.

De acordo com Prioste, Raiça e Machado (2006), a educação inclusiva tem, também, como objetivo corrigir a tradição de escolas excludentes, que não faziam mais do que recusar em seus ambientes aqueles estudantes que não cumpriam com seus ideais de "perfeição". Ela reflete a luta pelo direito a uma escola de qualidade, que esteja à disposição das minorias sociais, historicamente excluídas.

A Secretaria de Estado da Educação de Minas Gerais (SEE-MG), em um *Caderno de textos*, publicado em 2006, que explicita a proposta denominada "Projeto Incluir", afirma que, nessas escolas, "a diversidade foi, durante muito tempo, alvo da exclusão, resultando em classes e escolas especiais, em instituições totais, casas de correção, múltiplas repetências, evasão escolar" (MINAS GERAIS, 2006). Percebe-se que, mesmo após a democratização da educação, sobretudo a partir da promulgação da Constituição Federal de 1988, segundo a qual todas as pessoas deveriam ser aceitas nos espaços escolares, na prática, não é isso que vem ocorrendo. De acordo com o documento *Políticas nacionais de educação especial na perspectiva da educação inclusiva*, "a partir do processo de democratização da escola, evidencia-se o paradoxo inclusão/exclusão quando os sistemas de ensino universalizam o acesso, mas continuam excluindo indivíduos e grupos considerados fora dos padrões homogeneizadores da escola" (BRASIL, 2008).

Duek (2014, p. 22) avalia que, "embora a ampliação do acesso à escola represente um avanço, não é fator suficiente na garantia do direito de todos à educação", principalmente porque nem todos os estudantes que ingressam nos espaços escolares recebem condições favoráveis para promoverem suas aprendizagens. Em se tratando dos sujeitos com Necessidades Educacionais Especiais (NEE), essas condições de aprendizagem, muitas vezes, nem são oferecidas. Assim, para o teórico em apreço, "a entrada desses estudantes na escola não parece vir acompanhada das transformações necessárias na organização dessa instituição, que ainda resiste a reconhecer esse aluno, a promover sua formação e a desenvolver um processo educativo relevante para ele" (DUEK, 2014, p. 22). "Todo novo é sempre ameaçador; a mudança interna necessária para compreendermos a diferença que existe no outro, no externo, além de ser ameaçadora, pode paralisar nossas ações" (WEISS, 2016, p. 15).

Prioste, Raiça e Machado (2006) afirmam que essas instituições precisam se reestruturar, tanto nos aspectos arquitetônicos quanto nos conceituais, nos curriculares e nos atitudinais, para que possam receber as pessoas, independentemente de suas limitações, e até mesmo de seus diagnósticos. Assim, para as autoras em foco,

> [...] o que precisa ser avaliado não é se determinada criança tem ou não condições de ser incluída; mas, sim, se a escola está disposta a se estruturar para receber a criança. Quando *falamos* de estrutura, não nos referimos unicamente aos aspectos materiais, embora estes não deixem de ser importantes. Por estrutura entendemos o complexo organizacional que oferece sustentáculo ao processo de inclusão, e não nos restam dúvidas de que a base dessa sustentação está centrada nas pessoas que trabalham na escola. Está calcada nos valores éticos que circulam pela escola; no desejo de ensinar dos educadores; assim como na implicação profissional de cada membro do grupo em melhorar as condições de trabalho (PRIOSTE; RAIÇA & MACHADO, 2006, p. 36).

Para Carvalho (2004, p. 77), "a letra das leis, os textos teóricos e os discursos que proferimos asseguram os direitos, mas o que os garante são as efetivas ações, na medida em que concretizam os dispositivos legais e todas as deliberações contidas nos textos de políticas públicas". Dessa forma, a primeira barreira que precisa ser transposta para a efetivação da educação inclusiva é a atitudinal, pois, sem a sua efetividade, não adiantaria serem extintas as outras dificuldades. Essas ideias são corroboradas por Prioste, Raiça e Machado (2006, p. 36), que consideram,

> [...] não basta que se levante a bandeira da educação inclusiva como um imperativo para a comunidade escolar. Não basta que leis sejam promulgadas se as pessoas que têm possibilidade de efetivá-las não estiverem sensibilizadas e dispostas a encontrar soluções perante os impasses que se descortinam no cotidiano.

No entanto, para que as barreiras atitudinais deixem de existir, é fundamental que as pessoas, em geral, e os educadores, em particular, procurem conhecer tanto a realidade dos sujeitos com NEE quanto a necessidade de eles exercerem plenamente seus direitos. Uma das maneiras por meio da qual se tem conseguido a eliminação dessas barreiras vem sendo obtida pelo imperativo legal, pelo qual as pessoas, em geral, passam a frequentar os mesmos espaços escolares, conjuntamente, com as pessoas com NEE e, a partir desse convívio, possam perceber e reconhecer que, apesar das limitações inerentes a esses sujeitos, existem sempre competências a serem por eles aprendidas.

Entretanto, a forma pela qual a proposta da educação inclusiva começou a ser difundida, no campo educacional, talvez não tenha sido a mais eficiente para se trabalhar com a diversidade, pois as escolas tiveram de assumir o trabalho com os estudantes com NEE, em cumprimento ao disposto pelos documentos internacionais, contemplados pelo Brasil, e naqueles aqui elaborados, mesmo não se considerando preparadas para essa finalidade, por não terem recebido qualquer capacitação prévia para promoverem a inclusão. Sobre esses documentos, esclarece-se que, no final do século XX, mais precisamente no ano de 1990, com a Declaração de Jomtien[7] e, principalmente, em 1994, com a importante Declaração de Salamanca, definiu-se que todos os países-membros, participantes das convenções, que originaram as referidas declarações, deveriam elaborar políticas públicas, para que as escolas comuns recebessem todas as crianças, jovens e adultos, independentemente de suas diferenças, devendo, ainda, lhes ser ofertada uma educação de qualidade, entendida como aquela que viabilizaria oportunidades para o desenvolvimento de suas capacidades, promovendo, assim, suas inserções social e laboral.

De acordo com *Política nacional de educação especial na perspectiva da educação inclusiva*, a Conferência Mundial de Educação para Todos, que originou a Declaração de Jomtien, em 1990, chama a atenção para os altos índices de crianças, adolescentes e jovens sem escolarização, tendo como objetivo promover transformações nos sistemas de ensino para assegurarem o acesso e a permanência de todos na escola (BRASIL, 2008). Sobre esse importante documento, Duek (2014, p. 19) afirma que

> [...] a Conferência Mundial de Educação para Todos reafirma o ideário proposto pela Declaração Universal dos Direitos Humanos de 1948, reside no avanço sobre a garantia do direito de todos à educação, com a devida ampliação da qualidade e universalização da educação básica e faz menção à educação como estratégia para satisfazer às necessidades básicas de aprendizagem, de modo que todas as pessoas possam desenvolver suas potencialidades na busca por conhecimentos e informações, desenvolvendo atitudes e valores em favor do bem comum.

---

7. A declaração mundial sobre a educação para todos e satisfação das necessidades básicas de aprendizagem foi firmada na cidade de Jomtien, Tailândia, de 5 a 9 de março de 1990.

A Declaração de Salamanca se propôs aprofundar a discussão, problematizando as causas da exclusão escolar e enfocando as práticas educacionais referentes aos diversos grupos que poderiam resultar na desigualdade social, proclamando que as escolas comuns representariam o meio mais eficaz para combater as atitudes discriminatórias (BRASIL, 2008). Duek (2014, p. 20) considera que, nesse documento,

> [...] a ênfase recai sobre a necessária definição de políticas educacionais inclusivas, passou a considerar a inclusão dos alunos com necessidades educacionais especiais, em classes regulares, como a forma mais avançada de democratização das oportunidades educacionais e anuncia que todas as pessoas, independentemente de suas condições físicas, intelectuais, sociais, emocionais, linguísticas etc., devem ter acesso às escolas, e que precisam acolher e valorizar as diferenças, promovendo mudanças em sua estrutura pedagógica e organizacional, a fim de produzir respostas educativas adequadas às necessidades de todos os seus alunos.

Para Carvalho (2004, p. 154), "tanto a Declaração de Jomtien quanto a Declaração de Salamanca contêm o ideal da educação inclusiva por meio da remoção de barreiras para a aprendizagem e para a participação". Assim, é preciso que as escolas se posicionem diante dessa determinação, reforçando a importância do processo inclusivo de todos os estudantes, objetivando a construção de uma sociedade também mais inclusiva. "O processo educativo apresenta-se, em ambas, com as mesmas finalidades: formar cidadãos plenos, contributivos à sua coletividade e que sejam felizes" (CARVALHO, 2004, p. 154).

Partindo do que se encontra disposto nessas declarações, as escolas comuns deveriam se reorganizar para receberem, entre os estudantes, aqueles considerados como pessoas com NEE.

Souza (2014, p. 11) afirma que "os documentos internacionais foram criados fazendo referência ao direito de "todas as pessoas" usufruírem dos benefícios sociais, contemplando não apenas as pessoas com deficiências, mas todas as minorias discriminadas". Esse pressuposto deve começar a ser cumprido pela aceitação desses sujeitos nos espaços escolares, com a necessária adaptação, além dos espaços físicos, dos materiais e da proposta pedagógica da escola. De acordo com Cury (2005, p. 37), a efetivação dos princípios que regem o direito de todos à educação inclusiva "mede-se por fatos e não apenas por normas legais, ainda que imperativas. Esse é um caminho difícil. Parece que, no Brasil, é menos difícil derrubar ditaduras do que construir sólida democracia". Segundo a Declaração de Salamanca,

> [...] escolas regulares que possuam tal orientação inclusiva constituem os meios mais eficazes de combater atitudes discriminatórias criando-se comunidades acolhedoras, construindo uma sociedade inclusiva e alcançando educação para todos; além disso, tais escolas proveem uma educação efetiva à maioria das crianças e aprimoram a eficiência e, em última instância, o custo da eficácia de todo o sistema educacional (UNESCO, 1994, p. 1).

Carvalho (2008, p. 32), ao se referir à educação para todos, explicita que, "pela sua natureza e definição, a escola para todos é a que acolhe no seu seio todos os educandos da respectiva área de residência, seja qual for a sua origem, tipo de deficiência ou grau de dificuldades que apresentem". Esse posicionamento de que os estudantes sejam recebidos em instituições localizadas nas suas áreas de residência veio para reparar uma situação ainda identificada, na atualidade, pela qual os sujeitos com deficiência, para frequentarem escolas especiais, precisariam de se deslocar, muitas vezes, para longe de suas moradias, tendo em vista que, comparativamente às escolas comuns, as especiais totalizam um número bem menor.

No Brasil, essas propostas normativas começaram a constar dos documentos legais ainda no final do século XX, por meio da promulgação da Constituição Federal de 1988 e da Lei de Diretrizes e Bases da Educação Nacional (LDB)[8]. Para Oliveira (2015), a Constituição Federal de 1988 se constitui como o primeiro documento normativo que faz referência à educação de pessoas com NEE[9], assegurando o direito à educação para todos os brasileiros. Esse documento, no inciso IV do artigo 3º, dispõe como um dos seus objetivos fundamentais, "promover o bem de todos, sem preconceitos de origem, raça, sexo, cor, idade e quaisquer outras formas de discriminação". Além disso, dispõe no artigo 206, inciso I, a "igualdade de condições de acesso e permanência na escola" como um dos princípios para o ensino e garante, como dever do Estado, a oferta do atendimento educacional especializado, preferencial-

---

8. Ressalta-se que a LDB, Lei n. 4.024, de 1961, já fazia referência ao atendimento educacional às pessoas com deficiência, apontando o direito dos "excepcionais" à educação, preferencialmente dentro do sistema geral de ensino (BRASIL, 1961). No entanto, de acordo com o documento *Política nacional de educação especial na perspectiva da educação inclusiva*, a Lei n. 5.692, de 1971, que altera a LDB de 1961, ao definir "tratamento especial" para os estudantes com "deficiências físicas, mentais, os que se encontram em atraso considerável quanto à idade regular de matrícula e os superdotados", não promove a organização de um sistema de ensino capaz de atender aos estudantes com deficiência, transtornos globais do desenvolvimento e altas habilidades/superdotação e acaba reforçando o encaminhamento dos estudantes para as classes e escolas especiais (BRASIL, 2008).

9. Como visto anteriormente, a primeira LDB brasileira, a Lei n. 4.024, de 1961, já explicitava, em seu título X, "Da Educação de Excepcionais", nos artigos 88 e 89, as seguintes determinações sobre as pessoas com deficiência: [88] a educação de excepcionais deve, no que for possível, enquadrar-se no sistema geral de educação, a fim de integrá-los na comunidade (revogado pela Lei n. 9.394, de 1996); [89] toda iniciativa privada considerada eficiente pelos conselhos estaduais de educação, e relativa à educação de excepcionais, receberá dos poderes públicos tratamento especial mediante bolsas de estudo, empréstimos e subvenções (revogado pela Lei n. 9.394, de 1996) (BRASIL, 1961).

mente, na rede regular de ensino, conforme o disposto no seu artigo 208 (BRASIL, 1988).

Posteriormente à Constituição Federal de 1988, vários documentos normativos que versam sobre o direito à educação das pessoas com NEE foram veiculados no Brasil. Em 1998, fruto de uma ação conjunta entre as secretarias de Educação Especial e de Educação Fundamental, o Ministério da Educação (MEC) publicou os Parâmetros Curriculares Nacionais – Adaptações Curriculares – Estratégias para a Educação de Alunos com Necessidades Educacionais Especiais. Esse documento dispôs sobre a ampliação e o aprofundamento da reflexão e do debate educacional, buscando envolver escolas, pais, governos e sociedade. O objetivo dessa legislação foi promover uma transformação positiva no sistema educativo brasileiro, permitindo que os estudantes com NEE tivessem acesso ao conjunto de conhecimentos socialmente elaborados e reconhecidos como necessários ao exercício da cidadania (BRASIL, 1998). Prioste, Raiça e Machado (2006, p. 36) consideram que

> [...] o direito de as crianças com deficiência frequentarem escolas junto às demais é indiscutível, entretanto, a maneira com que o direito é validado tem causado inúmeras controvérsias entre educadores e pesquisadores, visto que um processo inclusivo sem preparo e sem sensibilização prévia dos profissionais tende a provocar sérios transtornos à escola. Esses problemas têm sido atribuídos à criança e raramente às inadequações do processo.

Em 2015, devido à veiculação da mencionada LBI, o Brasil dá mais um passo importante em direção à aceitação das pessoas com deficiência em instituições que deveriam ser consideradas como "escolas para todos". Essa lei, no seu artigo 27, estabelece que

> [...] a educação constitui direito da pessoa com deficiência, assegurados sistema educacional inclusivo em todos

os níveis e aprendizado ao longo de toda a vida, de forma a alcançar o máximo desenvolvimento possível de seus talentos e habilidades físicas, sensoriais, intelectuais e sociais, segundo suas características, interesses e necessidade de aprendizagem (BRASIL, 2015).

Entretanto, apesar dos discursos apologéticos, o país ainda se encontra em uma situação precária no que se refere a uma real implementação de políticas para a educação inclusiva, pois, mesmo que se considere que essa implementação venha se intensificando, ela não atingiu um de seus maiores objetivos, consubstanciando na necessidade de os professores conseguirem trabalhar, de maneira efetiva, com a diversidade. Por isso, o trabalho com essas pessoas ainda provoca muito estranhamento tanto na sociedade civil quanto no âmbito escolar, embora essa necessidade seja oriunda, reitera-se, de lutas políticas e sociais movidas pelas minorias preteridas ao longo da história.

Duek (2014, p. 21) afirma que "as escolas não têm conseguido acompanhar tamanhas transformações, apresentando resultados insatisfatórios frente às demandas do contexto socioeducativo atual". Alves (2018) considera que se presencia uma "desorganização" na ordem instituída na escola devido ao adentramento de estudantes com deficiência nos seus espaços. Para ela, "isso se dá porque, enquanto marca inscrita no corpo, a deficiência escancara a diferença e a escola, fundada nos alicerces da Modernidade, atua a favor da perpetuação de práticas cartesianas e positivistas, tentando neutralizar as diferenças" (ALVES, 2018, p. 46). Dessa forma, a escola nega a deficiência do estudante, fazendo-o se adaptar à ordem instalada, sem levar em consideração as modificações necessárias para o atendimento a esses sujeitos.

Considera-se que existe "uma discrepância entre os pressupostos evidenciados nas políticas de educação inclusiva e a maneira como a escola se encontra estruturada" (DUEK, 2014, p. 21). Contudo, para que essa discrepância seja extinta, é preciso que essa instituição se posicione frente às novas propostas inclusivas, assumindo uma posição de radical mudança. Entretanto, percebe-se que, para que isso ocorra, ainda seriam necessários muitos anos de trabalho.

Pode-se afirmar que as legislações não consideravam todas as questões/impasses pelas quais passavam os referidos sujeitos, até o final do século XX, no Brasil. Assim, podia-se identificar pessoas com variados tipos e graus de deficiência que, chegando à idade de ingressar na escola, não encontravam instituições escolares comuns que as acolhessem, sendo, então, encaminhadas para instituições especializadas. Conforme o disposto no documento publicado pelo MEC, em 2008, "a escola, historicamente, se caracterizou pela visão da educação que delimita a escolarização como privilégio de um grupo, uma exclusão que foi legitimada nas políticas e práticas educacionais reprodutoras da ordem social" (BRASIL, 2008).

Era comum também identificar sujeitos com deficiência que estavam, há anos, frequentando as escolas especiais sem terem perspectivas de progredir no processo escolar, apesar de estarem inseridos nessas instituições, até então, consideradas como acolhedoras e protetoras. Assim, esses sujeitos eram mantidos em programas de alfabetização, muitas vezes com uma proposta infantilizada, segundo um modelo de escola/educação que tinha como objetivo o ensino da leitura, da escrita e dos cálculos. Contudo, mesmo percebendo que eles não se desenvolviam, pois não alcançavam os objetivos predeterminados, as instituições não criavam programas/propostas alternativos, pois se considerava que, se não progrediam nos pressupostos básicos da alfabetização, eles não poderiam se desenvolver em outras áreas.

Nessa época, era comum profissionais da área da saúde que, por possuírem uma visão organicista[10] sobre a deficiência, indicavam para os sujeitos em pauta instituições especializadas, que dispunham de equipes técnicas[11], as quais poderiam possibilitar um tratamento clínico, preterindo, assim, a dimensão pedagógica. Ressalta-se que esse posicionamento se encontra, também, presente na atualidade. O documento publicado pelo MEC dispõe que:

> [...] a educação especial se organizou tradicionalmente como atendimento educacional especializado substitutivo ao ensino comum, evidenciando diferentes compreensões, terminologias e modalidades que levaram à criação de instituições especializadas, escolas especiais e classes especiais. Essa organização, fundamentada no conceito de normalidade/anormalidade, determina formas de atendimentos clínico-terapêuticos fortemente ancorados nos testes psicométricos que, por meio de diagnósticos, definem as práticas escolares para os estudantes com deficiência (BRASIL, 2008).

Enfatiza-se que o atendimento prestado às pessoas com deficiência em instituições especializadas remonta ao século XIX[12], a partir da criação do Imperial Instituto dos Meninos Cegos, em 1854, atual Instituto Benjamin Constant (IBC), e do Instituto dos Surdos-mudos, em 1857, hoje denominado Instituto Nacional de Educação dos Surdos (Ines), ambos situados na cidade do Rio de Janeiro. As pessoas com deficiência intelectual foram beneficia-

---

10. Essa visão, ainda presente nos dias atuais, supõe que as dificuldades escolares apresentadas pelos estudantes têm sempre uma origem orgânica.

11. As equipes técnicas, presentes na maioria das escolas especiais, ainda hoje, são, geralmente, formadas por profissionais da área da saúde, tais como: psicólogos, fonoaudiólogos, fisioterapeutas, terapeutas ocupacionais e assistentes sociais.

12. Anteriormente à criação das instituições para atendimentos específicos às pessoas com deficiência, existiram várias iniciativas para o trabalho com essas pessoas. Para um maior aprofundamento sobre esse assunto, cf. Souza (2008, p. 31-46).

das, por meio de atendimentos específicos, no início do século XX, quando foi fundado, em 1926, o Instituto Pestalozzi de Canoas, RS, e, em 1934, o Instituto Pestalozzi de Belo Horizonte, MG. Anos mais tarde, em 1945, foi criado, por Helena Antipoff, o primeiro atendimento educacional especializado, para as pessoas com superdotação, no âmbito da Sociedade Pestalozzi, no Rio de Janeiro (PARANÁ, 2013). Em 1954, foi fundada a primeira Associação de Pais e Amigos dos Excepcionais (Apae), no Rio de Janeiro. Essas instituições tiveram uma grande importância no que tange ao atendimento às pessoas com NEE; contudo, muitas delas, principalmente as destinadas aos sujeitos com deficiência, mantiveram um caráter muito mais caritativo do que propriamente educacional.

Esse caráter caritativo ainda pode ser encontrado em muitas instituições que mantêm o sentimento de superproteção, traduzido no descrédito às potencialidades desses sujeitos com deficiência. Essa percepção pode ser caracterizada como outro empecilho à inclusão, identificado, na atualidade, também, no campo jurídico, pois em muitas instituições especializadas ainda são encontrados sujeitos que, por ordem judicial, as frequentam, sem a perspectiva de serem encaminhados às escolas comuns, pois essas disposições legais se renovam, ano após ano, atendendo às solicitações dos responsáveis por esses sujeitos com deficiências.

É importante afirmar que as indicações de ordem judicial decorrem, em sua grande maioria, da descrença de que as escolas comuns poderiam oferecer uma educação que atenda às necessidades de todos os estudantes nela matriculados. Assim, essa capacidade de oferecer um adequado atendimento a esses sujeitos ainda é atribuída, por muitas pessoas, apenas às escolas especiais. Em decorrência, os profissionais das instâncias judiciais não consideram o que seria melhor para esses sujeitos, mesmo diante do que está disposto nas legislações internacionais e nacionais a respeito da educação inclusiva, atendendo, reitera-se, tão somente às reivindicações dos familiares dos estudantes com deficiência. Assim, é possível identificar que as famílias carecem de orientações sobre o que fazer com seus filhos, pois as únicas instituições que conhecem e que, ao longo do tempo, aceitaram esses sujeitos foram as escolas especiais, decorre daí uma credibilidade absoluta a essas instituições.

Ressalta-se que não se objetiva tecer críticas ao sistema educacional, nem tampouco às escolas especiais e, muito menos, à permanência dos sujeitos com deficiência nesses espaços. Pretende-se, sim, trazer subsídios para um melhor entendimento sobre a educação inclusiva como uma proposta voltada para a diversidade, uma vez que, geralmente, os gestores e professores das escolas comuns não se conscientizaram, ainda, de que a busca pela homogeneidade é infrutífera, pois ela não existe. Carvalho (2008, p. 31) afirma que

> [...] em ruptura com a escola tradicional, segregadora, orientada para um aluno idealizado, bom ouvinte, receptor das mensagens, não usufruindo do acesso à informação, senão por meio da sala de aula, e perante a insuficiência da escola integrativa em responder aos problemas do abandono e do insucesso escolares, num mundo em permanente mudança, vem-se afirmando, como é sabido, uma nova orientação educativa designada por escola inclusiva ou, para ser mais abrangente: educação inclusiva.

É preciso, entretanto, que se fique atento às situações particulares dos estudantes com deficiência, para que não se repitam as discriminações ocorridas ao longo de suas histórias. De acordo com Silva (2006), quando se trata de pessoas com deficiência, considera-se que a aceitação se torna mais difícil, porque essas pessoas vivenciam, ainda, situações de discriminação que fazem com que elas sejam avaliadas pela falta, distanciando-se, assim, dos padrões aceitos socialmente. Na opinião de Alves (2018, p. 49), "nas escolas, o que prevalece no discurso pedagógico é que as crianças com deficiência são incapazes de brincar, aprender, conviver e, em função dessas formas de verdade, tais crianças são envolvidas em práticas de exclusão". Nesse contexto, Silva (2006, p. 427) afirma que

> [...] a condição das pessoas com deficiência é um terreno fértil para o preconceito em razão de um distanciamento em relação aos padrões físicos e/ou intelectuais que se definem em função do que se considera ausência, falta ou impossibilidade. Fixa-se apenas num aspecto ou atributo da pessoa, tornando a diferença uma exceção.

Sabe-se que estudantes com deficiência, mesmo matriculados nas escolas comuns, habitualmente não participam de atividades com seus pares, nem no âmbito da sala de aula, nem fora dela. Alves (2018, p. 46-47) afirma que "geralmente, às crianças com deficiência, é destinado o lugar da periferia da sala de aula, marcadas pela invisibilidade, concebidas como aquelas que perturbam a ordem do currículo". Dessa forma, ainda de acordo com essa autora, muitas vezes, até mesmo nos espaços externos à sala de aula, a convivência dos estudantes com deficiência com seus pares não é incentivada nem favorecida, pois eles costumam ficar afastados, até nos momentos como recreio e de entretenimento. "É comum rondar em torno delas a suspeita de que são frágeis e precisam ser protegidas, como se pudéssemos 'blindar' seus corpos de eventuais perigos, que possam machucá-las ou prejudicá-las" (ALVES, 2018, p. 47).

Diante do exposto, pode-se afirmar que as ideias relativas à educação inclusiva têm um papel fundamental no que tange ao respeito à diversidade, pois é por meio dela que os educadores podem realizar suas atividades, privilegiando o público atendido pela escola. Segundo Omote (2003, p. 155), "a educação inclusiva é, antes de mais nada, ensino de qualidade para todos os educandos, cabendo à escola a tarefa de desenvolver procedimentos de ensino e adaptações no currículo".

A educação de qualidade pode ser o instrumento que provocará mudanças substanciais nos sujeitos inseridos nas escolas inclusivas. Carvalho (2004) considera que a inclusão se constitui como a mais humana das práticas e ela "será tanto melhor quanto mais possibilitar, no homem, o desenvolvimento de suas capacidades críticas e reflexivas, garantindo autonomia e independência" (CARVALHO, 2004, p. 20).

A educação inclusiva vem assumindo um espaço central no debate sobre a sociedade contemporânea e sobre o reconhecimento do papel da escola para a superação da lógica da exclusão. Então, os sistemas de ensino vêm mostrando as dificuldades enfrentadas e a necessidade de confrontar as práticas discriminatórias, criando alternativas para superá-las (BRASIL, 2008).

Dessa forma, para que não continue ocorrendo a dicotomia entre escolas especiais para estudantes com deficiência e escolas comuns para os não deficientes, é que Beyer (2008, p. 88) afirma que a educação inclusiva "significa a não demarcação de territórios de separação. Todas as crianças têm direito à vida social, sem barreiras. Na perspectiva vygotskyana, o espaço principal de superação e compensação da deficiência é o social". Esse autor afirma, ainda, que "pela inserção e gradual afirmação da vida social (familiar, escolar e profissional), a deficiência perde sua força limitante ou paralisante" (BEYER, 2008, p. 89).

No entanto, o processo de inclusão não tem caminhos prontos, pois se processa baseando-se na desconstrução das práticas cotidianas exclusoras, desde as mais imediatas e pontuais que ocorrem no interior da família, de cada escola e de cada comunidade, até as amplas, que dependem das políticas públicas (SOUZA,

2014). Porém, apesar dessas dificuldades, a escola pode se constituir como espaço privilegiado, para que todos os sujeitos possam compreender e reconhecer seus direitos e exigir sua aplicação. Castro e Freitas (2008) consideram que, na escola, por meio da aquisição de saberes, os sujeitos podem reconhecer não só seus direitos como cidadãos, mas compreender a necessidade de exercerem esses direitos e seus deveres. Por isso, "a educação inclusiva tem que partir da escola, do contexto educativo escolar, para chegar ao contexto educativo onde esta se insere" (LATAS, 2012, p. 18). Segundo Souza (2014, p. 11), "a escola, como *locus* de formação de cidadãos, prepara os sujeitos para a construção de uma sociedade inclusiva ao mesmo tempo em que se constrói nesse paradigma, eliminando de suas propostas toda e qualquer forma de discriminação".

Beyer (2008), a esse respeito, considera a necessidade de a proposta de educação inclusiva se consolidar nas escolas, tornando-se necessário ocorrer o envolvimento de toda a comunidade local, pois essa responsabilidade não pode recair, apenas, na escola e nos seus professores. Para ele,

> [...] é característica essencial de uma escola inclusiva o envolvimento de toda a comunidade. Em outras palavras, não se fala de um professor inclusivo, de uma família inclusiva, ou de uma criança incluída, mas fala-se de escolas inclusivas. E esse conceito pressupõe a pluralidade, o envolvimento de todos (BEYER, 2008, p. 87-88).

Prioste, Raiça e Machado (2006) afirmam que se deve levar a comunidade escolar a refletir sobre seus próprios valores e paradigmas, levando-se em consideração que a diversidade faz parte do cenário cultural, no qual devem ser priorizados os princípios democráticos. Castro e Freitas (2008, p. 50), corroborando esse posicionamento, afirmam que, "para que a educação inclusiva tenha sucesso, é necessário o comprometimento de toda a comunidade escolar, de toda a sociedade".

Carvalho (2008, p. 42) afirma que "a educação inclusiva remete para a ausência de barreiras à aprendizagem e para participação de todos, deixando o enfoque de concentrar-se só no aluno ou só no ambiente que o envolve, mas nas interações recíprocas e permanentes aluno-ambientes (sala de aula, recreio...)", além daquelas que ocorrem fora do ambiente escolar. Considera-se que essas interações ocorridas nos ambientes escolar e social podem desenvolver nos estudantes, tendo eles NEE ou não, oportunidades para adquirirem habilidades cognitivas e sociais. Sobre esse aspecto, Duek (2014, p. 34) afirma que "há evidências de que a colaboração entre os pares possibilita que alunos com conhecimentos e habilidades diversas interajam, permitindo a troca e o compartilhamento de saberes em um processo de ajuda mútua".

De forma diferenciada do que foi exposto, Latas (2012) ressalta que existem escolas que se esforçam para construir propostas de respeito e aceitação de todas as pessoas em seus espaços; contudo, as sociedades nas quais estão inseridas continuam excluindo os diferentes, não lhes proporcionando condições para que se insiram e usufruam dos espaços sociais. Segundo essa autora,

> [...] quando as iniciativas e esforços de mudança para construir uma sociedade e uma educação inclusiva se restringem ao espaço escolar, corre-se o risco de restringir a mudança, de produzir modificações e lógicas contraditórias entre o que se passa dentro da escola (que desenvolve práticas inclusivas) e o que se passa fora (uma sociedade que se rege cada vez mais por critérios e práticas de exclusão) (LATAS, 2012, p. 18).

Dessa forma, Macedo (2002) avalia que a inclusão é um desafio para as escolas comuns na perspectiva de atender a todos os estudantes, independentemente de suas diferenças e/ou limitações. Para isso, é necessário que essas escolas proporcionem conhecimentos pautados na perspectiva da inclusão, que se define como sendo uma lógica das relações. Nessa lógica, todos aqueles que estão envolvidos com as aprendizagens dos estudantes, portanto, toda a comunidade escolar passa a ser responsável por essa aprendizagem.

Nessa direção não existe um só responsável pelo sucesso ou pelo fracasso dos estudantes, sejam eles com ou sem deficiência. Portanto, o professor não pode se sentir o único responsável pela aprendizagem do estudante, nem tampouco se sentir culpado pela sua não aprendizagem. Dessa forma, todos, incluindo os estudantes, tornam-se responsáveis pela aprendizagem de todos, pois entre eles se estabelecem relações fortes que têm como único objetivo a aprendizagem de qualquer tipo, da maneira como ela ocorrer e no tempo que for possível. Pensando assim não ocorrerá fracasso, pois todos aprenderão segundo seus próprios tempos e possibilidades.

Gomes (2007) considera que a política de inclusão avançou bastante; no entanto, torna-se fundamental que se discuta melhor sobre todos os aspectos que devem ser contemplados nessa política. Para essa autora,

> [...] na última década houve vários avanços nas políticas de inclusão. Propostas de educação inclusiva acontecem nas redes de educação e nas escolas. São políticas e propostas orientadas por concepções mais democráticas de educação. O debate torna-se necessário não apenas no âmbito das propostas, mas também no âmbito das concepções de diferença, de deficiência e de inclusão. A inclusão de toda diversidade e, especificamente, das pessoas com deficiência indaga a escola, os currículos, a sua organização, os rituais de enturmação, os processos de avaliação e todo o processo de ensino e aprendizagem (GOMES, 2007, p. 34).

Avalia-se que a proposta da educação inclusiva só se efetivará de maneira concreta, ou seja, as escolas só se tornarão realmente inclusivas, quando vivenciarem uma prática democrática, tornando-se espaços para o exercício de cidadania, se forem quebrados, completamente, velhos paradigmas que as tornam elitistas e meritocráticas. Segundo Carvalho (2004, p. 62), "para enfrentar os mecanismos excludentes, precisamos intervir no sistema educacional, ampliando, diversificando suas ofertas, aprimorando sua cultura e prática pedagógica e, principalmente, articulando-o com todas as políticas públicas". Essa pesquisadora enfatiza que existe uma "chama de esperança do quanto podemos evoluir da escola que temos, elitista, produtora de fracasso, para a escola que queremos: uma escola libertária, que desenvolva a plena cidadania de todos os seus alunos e que gere felicidade" (CARVALHO, 2004, p. 123). Segundo essa pesquisadora, para que isso se torne realidade essa escola deve lutar principalmente:

> • por melhores condições de trabalho e de salário de nossos professores;
> • por maiores investimentos na sua formação, permitindo-lhes apropriarem-se de novos saberes e das tecnologias que possam estar a serviço da educação escolar;
> • pela realização sistemática de avaliações do processo ensino-aprendizagem, muito mais útil aos educadores do que as infinitas e, muitas vezes, indecifráveis estatísticas do desempenho dos sistemas educacionais;
> • pela capacitação dos gestores com vistas à administração compartilhada;
> • pela constante reflexão de todos os educadores acerca do sentido da educação num mundo globalizado e em permanente mudança;
> • pela educação na diversidade, ampliando-se e aprimorando-se as oportunidades de aprendizagem por toda a vida;
> • por constantes (semanais?) relações dialógicas entre professores dentro das escolas e entre escolas (mensais?);

- para que o direito à educação seja entendido como um bem essencial que deve ser extensivo a todos (CARVALHO, 2004, p. 63).

Em síntese, o que se constata, na atualidade, no campo da educação inclusiva, é que ainda ela se encontra no processo de sua consolidação, necessitando de serem feitas reflexões sobre como a escola, ainda, se constitui como um ambiente exclusor e o que se faz necessário para que ela mude essa postura. São fatores que dificultam o processo de inclusão, segundo Carvalho (2004, p. 70):

- os oriundos do modelo social e econômico vigente em nosso país;
- os decorrentes das políticas públicas (nem todas sociais);
- os intrínsecos aos sistemas de educação escolar e à prática pedagógica;
- os intrínsecos aos alunos.

Essa pesquisadora, além desses fatores, elenca outros pressupostos que podem contribuir para a inclusão, embora os considere como de difícil aplicação, pois se consubstanciam na mudança de postura frente à atual realidade.

> A mudança de atitudes frente à diferença, com a consequente necessidade de repensar o trabalho desenvolvido nas escolas é, a meu ver, uma barreira de complexa natureza, mais trabalhosa para ser removida, pois se trata de um movimento de "dentro para fora" e isso leva tempo (CARVALHO, 2004, p. 122).

3 A EDUCAÇÃO ESPECIAL NA PERSPECTIVA DA INCLUSÃO

Vários documentos normativos elaborados objetivando dispor sobre a necessidade de se ampliar a inclusão nas escolas comuns foram criticados por defenderem a necessidade da continuidade da educação especial, mesmo após o novo ordenamento inclusivo. Isso demonstra que o verdadeiro significado de educação especial, conforme consta nos referidos documentos, não foi entendido.

Até relativamente há pouco tempo, final do século XX, o único modelo que se tinha de educação especial e, portanto, de atendimento às pessoas com deficiência, era a escola especial e algumas iniciativas ligadas às classes especiais, sobretudo os que foram criticados pelos defensores da educação inclusiva. No entanto, o atual ordenamento jurídico, referente à LDB de 1996, a Resolução n. 2[13] do Conselho Nacional de Educação/Câmara de Educação Básica, de 11 de setembro de 2001 e vários outros documentos legais, que foram veiculados até os dias atuais, definem a educação especial como uma "modalidade de educação escolar, oferecida, preferencialmente, na rede regular de ensino, para educandos com

---

13. A Resolução n. 2 do Conselho Nacional de Educação/Câmara de Educação Básica (11/09/2001) instituiu as *Diretrizes nacionais para a educação especial na educação básica* (BRASIL, 2001).

deficiência, transtornos globais do desenvolvimento e altas habilidades ou superdotação"[14].

Por esse conceito percebe-se que a Educação especial não contradiz a proposta da educação inclusiva, nem é considerada como uma proposta segregadora, mas busca dar subsídios às escolas comuns para construírem propostas educacionais condizentes com a aprendizagem desse novo público com NEE que vem nelas adentrando. Assim, compreende-se a educação especial não mais como sinônimo de escola especial, mas como uma condição/possibilidade para a inclusão de estudantes que possuem especificidades tão peculiares que o modelo educacional, até então, contemplado, não seria adequado para desenvolver nesses estudantes as habilidades necessárias para possibilitar a eles diversas aprendizagens.

Dessa forma, a educação especial passou a oferecer às escolas comuns subsídios para a construção de propostas, para que os estudantes possam se beneficiar do que está disposto pedagogicamente. Uma dessas possibilidades da educação especial é o Atendimento Educacional Especializado (AEE). A esse respeito, Cury (2005, p. 48-49) afirma que,

> [...] para atingir as finalidades da educação escolar, todos devem ter um atendimento específico. O que não se quer é criar uma nova (e mais odiosa) forma de discriminação pelo ato de ignorar uma real situação de diferença e não respeitá-la na sua existência e complexidade. A adequação do ambiente escolar às condições do educando, o zelo pela sua aprendizagem, o estabelecimento de estratégias de recuperação para estudantes que apresentem dificuldades e a formação continuada dos docentes, são regras comuns recorrentes ao longo do texto da LDB.

---

14. Redação dada pela Lei 12.796, de 2013, alterando a Lei n. 9.394, de 1996 (BRASIL, 2013).

Logo, atendimento especializado em salas próprias é transitório e muito relevante em matéria de apoio e reforço pedagógico. Salvo situações muito específicas e não generalizáveis de intolerância, nada há de discriminatório nesse recurso pedagógico.

A educação especial se constitui, então, como uma modalidade de educação que perpassa todos os níveis e modalidades da educação e se encontra presente, segundo Carvalho (2004), na intenção de que todos os estudantes se beneficiem das propostas educacionais veiculadas nas salas de aulas, alguns deles "por direito público e subjetivo de cidadania requerem apoio educacional complementar ou suplementar para aprender e participar" (CARVALHO, 2004, p. 17).

Entretanto, ainda existem pessoas que não reconhecem que a educação especial é uma modalidade de educação que se diferencia da escolaridade que é obrigatória, constitucionalmente, para educandos de quatro a dezessete anos de idade. Muitos educadores e profissionais da área jurídica afirmam que, como consta nos documentos normativos, a educação especial deve ser oferecida, preferencialmente, na rede regular de ensino, e tanto as famílias quanto os próprios educandos com NEE podem escolher a escola para cursarem os vários níveis educacionais, seja em instituições comuns, seja nas especiais. Na verdade, as famílias e os educandos podem optar pela escola que mais lhes agradar, sejam quais forem os motivos para essa escolha. Esclarece-se que o termo "preferencialmente" se refere à educação especial como modalidade de educação e não como escolaridade. Dessa forma, esses profissionais consideram como sinônimos e equivalentes os termos "educação especial" e "escolaridade", o que se constitui como um grande equívoco, pois o que a legislação dispõe é que a educação especial, e não a escolaridade, é que deve ser oferecida, preferencialmente, na rede regular de ensino, pois ela pode ser disponibilizada, também, em outros espaços[15]. Assim, reitera-se que é fundamental esclarecer que a modalidade educação especial não se constitui como um nível de escolaridade.

A escolaridade, de acordo com a proposta da educação inclusiva, deve ser ofertada nas escolas comuns a todas as pessoas, independentemente de suas diferenças, evitando-se toda e qualquer discriminação, conforme dispõe a Constituição Federal de 1988, em seu artigo 3º, inciso IV, como um dos objetivos fundamentais da República Federativa do Brasil: "promover o bem de todos, sem preconceitos de origem, raça, sexo, cor, idade e quaisquer outras formas de discriminação" e no artigo 5º desse mesmo documento: "todos são iguais perante a lei, sem distinção de qualquer natureza" (BRASIL, 1988).

Portanto, é fundamental que se entenda, conforme estabelecido na LDB de 1996, que a educação especial, como modalidade de educação escolar, deve dar subsídios para a efetivação da educação inclusiva, para educandos com deficiência, transtornos globais do desenvolvimento e altas habilidades ou superdotação, pelo oferecimento de serviços de apoio especializado, para atender às peculiaridades desse público sempre que, em função de suas condições específicas, não for possível a sua integração nas classes comuns de ensino regular. Por meio dessa modalidade de educação, os sistemas de ensino devem assegurar a esses educandos, sobretudo,

---

[15]. Alguns serviços da educação especial devem ser oferecidos, obrigatoriamente, nas escolas comuns da rede regular de ensino: intérprete de Libras, professor de apoio, guia-intérprete e todos aqueles em que os profissionais dessa modalidade de educação prestam serviços, no espaço no qual os estudantes estão incluídos. Serviços como as salas de recursos, que são oferecidos no contraturno de escolaridade do estudante que frequenta a escola comum, podem ser oferecidos, além da escola comum, em espaços como as escolas especiais e, até mesmo, outros, autorizados pela legislação local.

- currículos, métodos, técnicas, recursos educativos e organização específicos para atender às suas necessidades;
- professores com especialização adequada em nível médio ou superior para atendimento especializado, bem como professores do ensino regular capacitados para a integração desses educandos nas classes comuns;
- educação especial para o trabalho, visando a sua efetiva integração na vida em sociedade, inclusive condições adequadas para os que não revelarem capacidade de inserção no trabalho competitivo, mediante articulação com os órgãos oficiais afins, bem como para aqueles que apresentam uma habilidade superior nas áreas artísticas, intelectual ou psicomotora (BRASIL, 1996).

4 A CONSTRUÇÃO DE SALAS DE AULA INCLUSIVAS

Para a concretização de salas de aula inclusivas é preciso que os professores estejam conscientes de que o paradigma atual de educação exige que eles trabalhem "com turmas cada vez mais heterogêneas, atendendo um rol de alunos com demandas específicas, dentre eles aqueles que apresentam NEE" (DUEK, 2014, p. 18). Não se trata, portanto, "de pensar tão somente a educação para o deficiente; mas, sobretudo, de basilar a prática educativa e a organização da escola no respeito à diferença do outro" (FREITAS, 2008, p. 26), assegurando a educação para todos e para cada um.

O *Caderno de textos* do Projeto Incluir, da SEE-MG, refere-se ao modelo educacional que não considera as diferenças existentes entre os estudantes, privilegiando um ensino padronizado que contribui para o aumento da discriminação e do preconceito. De acordo com esse documento:

> A partir de imagens estereotipadas, cultiva-se a crença de que existe um saber universal, que se coloca como um produto acabado a ser seguido por todos, produzindo preconcepções do que se acredita que os sujeitos devam ser. O que acaba emergindo é um saber que se transforma em pré-conceitos, gerando, gradativamente, discriminação e tratamento desigual dos sujeitos (MINAS GERAIS, 2006, p. 8).

Para Freitas (2008), a educação para pessoas com NEE deve ser ofertada no âmbito do ensino regular, com os atendimentos educacionais especializados, devendo fornecer aos professores a possibilidade de reverem os referenciais teórico-metodológicos, incentivando-os a buscarem uma formação continuada devido ao "enfrentamento" das diferenças dos estudantes. Essa formação deveria contemplar tanto os conhecimentos sobre as NEE quanto os referentes aos outros estudantes com os quais irá trabalhar. Em síntese, é preciso considerar a presença, nas salas de aulas, de estudantes que apresentam alguma NEE, como também de outros sujeitos. Deve-se, ainda, viabilizar a troca de conhecimentos com outros professores com os quais se poderia discutir a respeito das dificuldades encontradas no cotidiano laboral e, também, sobre a busca de soluções para resolvê-las, principalmente analisando práticas exitosas.

No entanto, "quando um aluno é incluído na escola comum, com todas as adaptações necessárias, não se pode perder de vista suas necessidades, suas possibilidades e limitações específicas da natureza biológica da sua deficiência" (CASTRO & FREITAS, 2008, p. 50). Dessa forma, de nada adiantaria promover adaptações sem se levar em consideração os aspectos individuais de cada sujeito, próprios de sua condição, ou seja, é preciso que se entenda como a deficiência se manifesta no indivíduo, não se podendo generalizar, considerando que todas as pessoas que possuem o mesmo diagnóstico de deficiência irão se comportar da mesma maneira. É preciso ficar atento para o fato de que manifestações e comportamentos apresentados pelas pessoas, nem sempre, estão vinculados a um determinado tipo de deficiência, mas à personalidade do sujeito. Freitas (2008, p. 25) afirma que

> [...] é preciso conhecer as características individuais dos alunos com necessidades educacionais especiais e as di-

ferentes formas de manifestação de suas singularidades, isso é condição para que se estabeleça o vínculo necessário entre o ensino e a aprendizagem. Evidentemente, não é tarefa do professor estabelecer diagnósticos, mas espera-se dele uma postura de observação que lhe permita identificar as preferências e facilidades de cada um, assim como suas limitações.

O Ministério da Educação alerta, por meio do documento *Política nacional de educação especial na perspectiva da educação inclusiva*, para se ter cuidado no que se relaciona à classificação referente à deficiência do sujeito, pois ela pode servir mais para discriminar do que para incluir. Assim, afirma-se que

> [...] os estudos mais recentes no campo da educação especial enfatizam que as definições e uso de classificações devem ser contextualizados, não se esgotando na mera especificação ou categorização atribuída a um quadro de deficiência, transtorno, distúrbio, síndrome ou aptidão. Considera-se que as pessoas se modificam continuamente, transformando o contexto no qual se inserem. Esse dinamismo exige uma atuação pedagógica voltada para alterar a situação de exclusão, reforçando a importância dos ambientes heterogêneos para a promoção da aprendizagem de todos os estudantes (BRASIL, 2008).

Para Prioste, Raiça e Machado (2006, p. 36), as escolas vêm encontrando dificuldades para realizar as modificações necessárias e se ajustar a essas novas demandas, advindas desse novo público que vem adentrando nos espaços escolares e "que não se enquadram nas expectativas delineadas no universo escolar". Segundo Alves (2018, p. 47), "ao confrontar práticas pedagógicas cristalizadas, questionando o saber dos professores, as necessidades específicas das crianças nos convocam a pensar novas maneiras de organizar o currículo", e se constituem como novas maneiras que podem levar todos os estudantes a se beneficiarem das aprendizagens ocorridas na sala de aula, tanto no que se refere aos conteúdos escolares quanto no que se refere à convivência com outros sujeitos. De acordo com Freitas (2008, p. 25),

> [...] o professor da escola inclusiva deve avançar em direção à diversidade, deixar de ser mero executor de currículos e programas predeterminados para se transformar em responsável pela escolha de atividades, conteúdos ou experiências mais adequadas ao desenvolvimento das capacidades fundamentais dos seus alunos, tendo em conta suas necessidades.

No entanto, "os desafios não consistem apenas em construir estratégias de ensino e aprendizagem, mas o posicionamento das referidas crianças em todo o espaço escolar" (ALVES, 2018, p. 47). Diante disso, o despreparo do professor pode se tornar mais incisivo, pois, geralmente, suas dificuldades concentram-se mais nos seus desejos de se ter uma turma homogênea do que, propriamente, na falta de uma formação acadêmica adequada, fazendo com que esses professores não consigam criar formas diferenciadas de trabalho que levem em consideração a heterogeneidade, própria da diversidade encontrada nas salas de aula. Para Alves (2018, p. 49), "de um modo geral, os professores estão habituados a planejar suas aulas partindo da ideia de uma suposta homogeneidade".

Muitas vezes, constata-se uma demanda por parte dos professores, requerendo um apoio para que possam realizar um melhor trabalho, voltado para os estudantes com NEE, de forma mais eficiente e eficaz. Contudo, esse apoio nem sempre é prestado, pois se constata que é recorrente a carência de uma capacitação para os docentes. De acordo com Prioste, Raiça e Machado (2006, p. 36), "os dados revelaram que a principal dificuldade dos professores reside na falta de apoio durante o processo de inclusão e que esta se estende às diversas situações vivenciadas em sala de aula, para as quais eles se sentem despreparados e desamparados".

Considera-se que os professores precisam de receber o referido apoio, traduzido em um maior conhecimento sobre educação especial, pois, a partir da proposta de educação inclusiva, a educação especial passou a ser considerada, no âmbito normativo, uma "modalidade de ensino que perpassa todos os níveis, etapas e modalidades, realiza atendimento educacional especializado, disponibiliza os recursos e serviços e orienta quanto à sua utilização no processo de ensino e aprendizagem nas turmas comuns do ensino regular" (BRASIL, 2008). Como foi exposto, outros documentos normativos também definem a educação especial como uma modalidade de atendimento educacional colocada à disposição das escolas e dos docentes para que se efetive a proposta de educação inclusiva[16].

Segundo Freitas (2008), os sistemas de ensino precisam privilegiar uma concepção de ensino e aprendizagem que, efetivamente, respeite as diferenças dos estudantes. Nessa perspectiva, Duek (2014, p. 18) esclarece que se torna necessário "desenvolver um projeto de ensino e aprendizagem pautado nas diferenças e que vise a romper com um sistema educacional segregacionista". A esse respeito, Alves (2018, p. 49) esclarece que,

---

16. Resolução n. 4, de 2009: reafirma a educação especial como modalidade educacional e também enfatiza o AEE como modalidade educacional que se realiza em todos os níveis, etapas e modalidades de ensino, tendo o AEE como parte integrante do processo educacional. Decreto n. 7.611, de 2011: atendimento educacional especializado: conjunto de atividades, recursos de acessibilidade e pedagógicos organizados institucional e continuamente, prestado das seguintes formas: I – complementar à formação dos estudantes com deficiência, transtornos globais do desenvolvimento, como apoio permanente e limitado no tempo e na frequência dos estudantes às salas de recursos multifuncionais; ou II – suplementar à formação de estudantes com altas habilidades ou superdotação.

> [...] em nossa experiência de trabalho, desenvolvendo projetos de inclusão de crianças com deficiência, vimos frequentemente professores propondo a estudantes com deficiência (sobretudo aqueles que possuem deficiência intelectual), atividades completamente desconectadas do tema principal da aula. Disso resultam situações em que tais estudantes ficam em algum canto da sala realizando atividades infantilizadas, pouco ou nada desafiadoras, como se fosse apenas um modo de passar o tempo.

As atuais exigências legais requerem dos professores uma nova atribuição, consubstanciada no repensar as suas práticas, pois "os discursos proliferados nas escolas são permeados por concepções empobrecidas, justamente porque estão focados em um modelo ideal de criança e geralmente remetem às crianças com deficiência a formas de vida limitadas, destacando-se a incapacidade e impossibilidade" (ALVES, 2018, p. 48). Nessa perspectiva, constata-se a continuidade de propostas, tanto as infantilizadas e repetitivas quanto as que priorizam objetivos inatingíveis, que impossibilitam esses sujeitos de progredirem, no âmbito de aprendizagens mais significativas, que possam promover o desenvolvimento de suas habilidades.

Michels (2006) enfatiza que vários aspectos da escola devem ser modificados para que a educação se torne inclusiva. Assim, para ela, algumas questões devem integrar esse novo modelo, notadamente, a política de inclusão, a flexibilização curricular, a preparação para a "escola comum" receber os estudantes, considerados deficientes, utilizando técnicas e recursos apropriados. Nessa direção, o professor deve ser capacitado para assegurar o êxito da inclusão. Castro e Freitas (2008, p. 62) corroboram essas ideias ao afirmarem que "pensar em inclusão envolve pensar, entre muitos outros aspectos, em concepções diferenciadas de ensino, em capacitação docente, em valores humanos e culturais, mas também em atitudes e sentimentos".

Em síntese, realizar essas mudanças relativas à inclusão talvez seja o maior entrave que vem impactando as escolas brasileiras, pois o modelo de educação privilegiado, atualmente, não atende a todos os estudantes que compõem os referidos estabelecimentos de ensino. Para Freitas (2008, p. 27), "o fracasso do modo homogeneizador e seletivo de educação é reconhecido e passa-se a pensar em uma escola que supere as formas rígidas de organização e ensino". Diante dessas considerações é posto um desafio às escolas para incluírem estudantes, crianças e/ou adolescentes com NEE, reconhecendo e atendendo à necessidade de eles se transformarem, desconstruindo, assim, velhos modelos de educação para possibilitar a construção de um novo paradigma que possa atender a todos os estudantes.

Souza (2008) considera que várias práticas escolares presentes na maioria das escolas não são adequadas para atender a todos os estudantes, até mesmo para os que não apresentam NEE. Portanto, diante dessa diversidade, esses modelos/práticas se tornam totalmente inadequados. Para ela,

> [...] deve-se considerar que as escolas comuns, historicamente, vêm privilegiando tanto um currículo rígido quanto uma avaliação centrada nos resultados. Se essas "práticas escolares" vêm se mostrando inadequadas para os alunos sem deficiência, pode-se inferir como elas podem ser deletérias para os sujeitos que apresentam necessidades especiais. Dessa forma, a escola acaba não respeitando e consolidando as desigualdades sociais e psicopedagógicas, neurológicas, físico-motoras e sensoriais, o que acarreta geralmente o abandono escolar desses sujeitos (SOUZA, 2008, p. 77).

Corroborando esses posicionamentos, Duk (2007), em um documento publicado pelo MEC, critica o modelo de escola que ainda é privilegiado e que tem levado esses estudantes a não corresponderem ao que se espera deles. Segundo essa autora,

> [...] tradicionalmente, a escola tem sido marcada em sua organização por critérios seletivos que têm como base a concepção homogeneizadora do ensino, dentro da qual alguns estudantes são rotulados. Essa concepção reflete um modelo caracterizado pela uniformidade na abordagem educacional do currículo: uma aula, um conteúdo curricular e uma atividade para todos na sala de aula. O estudante que não se enquadra nessa abordagem permanece à margem da escolarização, fracassa na escola e é levado à evasão. Muitas vezes o estudante rotulado ou classificado por suas diferenças educacionais é excluído ou encaminhado a especialistas de áreas distintas (fonoaudiólogo, fisioterapeuta etc.) para receber atendimento especializado (DUK, 2007, p. 59).

É importante ressaltar que os problemas vivenciados pelos estudantes em apreço, no que tange às suas dificuldades de aprendizagem, podem ser provenientes de várias situações a eles extrínsecas e que necessitam ser avaliados segundo suas manifestações, pois não se pode atribuir todos os fracassos à incompetência da escola. Nessa perspectiva, "precisamos expandir nosso foco, desconcentrando-o do aluno apenas, para, numa concepção sócio-histórica, situá-lo e situar-nos, compreensivamente, reconhecendo todas as variáveis extrínsecas aos alunos e que os levam ao fracasso escolar" (CARVALHO, 2004, p. 124). Essa autora expõe que, "talvez, uma barreira seja a concepção que temos de sociedade e das funções da escola, num mundo marcado pela globalização, pelas regras do mercado econômico e a decorrente competitividade que produz mecanismos excludentes, nada democráticos" (CARVALHO, 2004, p. 124). Essa autora considera ainda que

[...] atribuir toda a responsabilidade à escola seria injusto e perverso, pois ela é o reflexo da sociedade em que vivemos. Inúmeros fatores de natureza política, social e econômica podem explicar a evasão e a repetência, sem que deixemos de considerar aqueles de natureza psicopedagógica, atribuindo-lhes destacada importância, bem como às necessidades específicas dos alunos (CARVALHO, 2004, p. 112-113).

A esse respeito, Carvalho (2004, p. 15) assim se posiciona: "escolas receptivas e responsivas, isto é, inclusivas, não dependem apenas dos seus gestores e educadores, pois as transformações que nela precisam ocorrer, urgentemente, estão intimamente atreladas às políticas públicas em geral e, dentre elas, às políticas sociais".

Para Sara Paim (1989, p. 15, apud CARVALHO, 2004, p. 58) "a noção de não aprendizagem não é o reverso de aprendizagem, pois essa não é uma estrutura e sim um efeito, e, neste sentido, é um lugar de articulação de esquemas". Por isso, avalia-se que, em uma escola inclusiva, todos devem aprender, pois a proposta pedagógica deve ser construída para alcançar esse objetivo e não para promover o fracasso. Entretanto, Carvalho (2004) explicita que não se pode negar que existem muitos problemas intrínsecos aos estudantes que podem explicar suas dificuldades de aprendizagem e, mesmo que esses problemas possam se constituir como barreiras para a aprendizagem, tornam-se transponíveis se forem empregados os muitos recursos psicopedagógicos que estão disponibilizados. Freitas (2008, p. 21) afirma que

> [...] a educação tem, como finalidade primordial, favorecer a todos o acesso ao conhecimento historicamente produzido pela humanidade, mediando junto aos alunos a capacidade de estes utilizarem esse conhecimento, tanto para a produção de novos saberes como para o exercício da cidadania, respeitando a diversidade cultural e suas características pessoais.

A esse respeito, o documento da SEE-MG dispõe que, "ao considerar a particularidade de cada sujeito, o professor poderá ter outro olhar para o seu aluno, enxergando no outro suas semelhanças e diferenças" (MINAS GERAIS, 2006). Dessa forma, as escolas precisam se libertar de suas práticas discriminatórias, presentes no pressuposto de que existe "um padrão único de comportamento, de ritmo de aprendizagem e de experiência que deve ser superado" (MINAS GERAIS, 2006). Em consonância com esse aspecto, Freitas (2008, p. 23) afirma que se deve

> [...] considerar os fatores socioculturais e a história de cada um, bem como suas características pessoais. Trata-se de garantir condições de aprendizagem a todos os alunos, tanto por meio de incrementos na intervenção pedagógica quanto de medidas extras que atendam às necessidades individuais.

Carvalho (2004), ao criticar uma escola que mantém um modelo único para todos os estudantes, enfatiza que essa instituição precisa se tornar "oniforme"[17], ao invés de uniforme, e, para se atingir esse objetivo, é fundamental que os educadores recebam uma formação específica, que lhes dê condições para refletirem sobre a necessidade da construção de uma nova prática que busque contemplar todos os estudantes. De acordo com Corrêa (2002, p. 27), "a formação do educador deve estar associada a uma prática reflexiva e à mudança de postura, para que as legislações que regem a inclusão não sejam vistas como uma imposição, mas como uma garantia aos direitos de todos a uma educação de qualidade".

Portanto, na perspectiva dessa proposta educacional, é fundamental que as escolas repensem suas formas de ensinar que não

---

17. O prefixo "oni", da palavra "oniforme", dá a ideia de todos, totalidade, totalmente. Portanto, a palavra "oniforme" pode definir aquele que tem ou pode tomar todas as formas.

vêm contemplando todos os estudantes; ou seja, torna-se fundamental que elas criem novas formas de ensinar para estudantes que tenham formas diferentes de aprender. Enfim, "o docente que atua em classes onde encontramos alunos com deficiência saiba compreender as novas formas de ensinar e aprender" (MANICA & CALIMAN, 2015, p. 75). Essas autoras consideram que o conhecimento que os professores têm sobre os conteúdos que devem ministrar a esses estudantes se refere, apenas, a uma das fontes de aprendizagem, pois se torna sempre necessário que se busquem soluções criativas para que eles atinjam essas aprendizagens (MANICA & CALIMAN, 2015). A esse respeito, Moreira (2002, p. 25) explica que

> [...] reconhecer a diferença cultural na sociedade e na escola traz como primeira implicação, para a prática pedagógica, o abandono de uma perspectiva monocultural, [...] ou seja, todos os estudantes são idênticos, com saberes e necessidades semelhantes, o que exime a escola de diferenciar o currículo e a relação pedagógica que se estabelece na sala de aula, dificultando, assim, o aproveitamento da riqueza, implicada na diversidade de símbolos, significados, padrões de interpretações e manifestações que se acham presentes na sociedade e nas escolas.

Em síntese, os profissionais da educação devem optar por um plano de ensino que contemple os conhecimentos que são fundamentais para cada um dos estudantes e, a partir dessa seleção, com a contribuição dos gestores, possam ser construídos currículos diferenciados, que realmente atendam às especificidades de cada um desses estudantes. Considera-se que "atuar na perspectiva inclusiva não significa propor outro currículo ou um currículo diferente, mas deve-se proceder a uma diferenciação nos métodos, nas estratégias, no tempo, nos materiais, entre outros, possibilitando a participação do aluno com deficiência nas atividades escolares" (DUEK, 2014, p. 29).

E, nessa direção, não se devem considerar as diferenças entre os estudantes como um problema, mas como uma possibilidade. Carvalho (2004) avalia que, quando o professor visualiza a diferença como um problema, essa diferença precisa ser protegida em ambientes abrigados; mas, quando ele a vê como possibilidade, encara o desafio para construir novas redes de significações, nas quais os próprios estudantes são considerados como autores de suas aprendizagens.

Esses estudantes, considerados como protagonistas de suas próprias aprendizagens, se tornarão cada vez mais autônomos e independentes, conquistando seus direitos e se inserindo, positivamente, na sociedade, apesar de suas limitações. Sassaki (2010) contribui expondo que os sujeitos se tornarão "empoderados", ou seja, mais autônomos e independentes, para tomarem decisões a respeito de si mesmos e conduzirem suas vidas segundo seus próprios desejos. Para esse autor, "empoderamento" é "o processo pelo qual uma pessoa, ou um grupo de pessoas, usa o seu poder pessoal inerente à sua condição – por exemplo: deficiência, gênero, idade, cor – para fazer escolhas e tomar decisões, assumindo, assim, controle de sua vida" (SASSAKI, 2010, p. 36-37).

Pensando dessa maneira, os professores não poderão almejar o que, ao longo do tempo, consideraram como sendo classes homogêneas, para as quais eram construídas propostas padronizadas de aprendizagem. Nessas classes, quando o estudante fracassava, a culpa desse fracasso era imputada somente a ele e, portanto, esse sujeito deveria buscar soluções para seus problemas, ou, então, se evadir. Esse "modelo" de padronização levou ao entendimento de que, no estudante "diferente", existiria um desvio, uma patologia, uma anormalidade, entre outras dificuldades, que deveriam ser tratadas em outros espaços, diferentes dos da escola comum. Para Carvalho (2004, p. 29),

> [...] as escolas inclusivas são escolas para todos, implicando um sistema educacional que reconheça e atenda às diferenças individuais, respeitando as necessidades de qualquer dos alunos. Sob essa ótica, não apenas as pessoas com deficiência seriam ajudadas e sim todos os alunos que, por inúmeras causas, endógenas ou exógenas, temporárias ou permanentes, apresentem dificuldades de aprendizagem ou no desenvolvimento.

Diante do explicitado e em consonância com a proposta da educação inclusiva, quando o professor identifica alguma dificuldade no estudante, deve buscar conhecer e analisar a natureza das causas dessa dificuldade, para que possa planejar sua atuação a partir desse conhecimento. O professor pode obter esse conhecimento por meio da realização de estudos autônomos, ou mesmo trocando ideias com seus pares, pois essa troca pode se tornar produtiva, desfazendo os velhos hábitos de competitividade que, muitas vezes, existem entre os docentes. Para Carvalho (2004, p. 163), "precisamos de educadores que não reforcem a competitividade e o individualismo destrutivo e, sim, que estimulem as práticas de solidariedade orgânica e de cooperação, tornando-os mais hábeis, mais fortes, seguros e... mais humanos". Ainda, segundo esse autor,

> [...] algumas das estratégias utilizadas para remover barreiras para a aprendizagem e para a participação dos alunos são fruto das experiências e dos conhecimentos que o professor tem acerca dos processos de aprendizagem e desenvolvimento humanos e, muitas outras, devem-se à sua criatividade. Outros procedimentos decorrem das oportunidades que as escolas oferecem para que os professores possam se reunir e discutir a prática pedagógica, "trocando figurinhas" (CARVALHO, 2004, p. 125).

Na perspectiva da inclusão, no âmbito do processo de ensino e aprendizagem, o professor deve avaliar seus estudantes de maneira individual. Em um documento publicado pelo Ministério da Educação (MEC), intitulado *Avaliação para identificação das necessidades educacionais especiais – Subsídios para os sistemas de ensino, na reflexão de seus atuais modelos de avaliação* se faz referência a esse processo de avaliação dos sujeitos com deficiência, esclarecendo que "a avaliação torna-se inclusiva na medida em que permite identificar as necessidades dos alunos, de suas famílias, das escolas e dos professores" (BRASIL, 2002). Considera-se, contudo, que identificá-las, apenas, não basta, é preciso agir de acordo com elas. Corroborando essas ideias, Carvalho (2004, p. 14-15) considera que, na proposta da educação inclusiva, deve-se contemplar:

> a) Substituição de um modelo centrado no "defeito" da criança, para um modelo ambiental, que considera as variáveis que, perversamente, têm produzido a exclusão educacional escolar e a político-social de inúmeras pessoas.
> b) Não diz respeito apenas às pessoas com necessidades educacionais especiais e sim a qualquer aprendiz.
> c) Análise crítica da escola que temos e que precisa mudar sua cultura e suas práticas para exercitar a cidadania de todos os seus aprendizes.
> d) A escola reflete a sociedade na qual se insere, podendo contribuir para que esta se torne menos elitista.

A partir dessas reflexões pode-se afirmar que o número de estudantes com NEE matriculados em uma escola, por si só, não informa se ela é, ou não, inclusiva, pois uma proposta para promover uma verdadeira educação inclusiva está muito além da matrícula dessas pessoas em uma instituição escolar. O que caracteriza uma escola como verdadeiramente inclusiva é oferecer uma educação de qualidade para todas as pessoas, independentemente de suas diferenças, ou seja, é dar a todos a oportunidade de aprender tudo que podem e que seja fundamental em suas vidas, dando-lhes a oportunidade de aprenderem juntos, compartilhando possibilidades e dificuldades, construindo, assim, uma aprendizagem eficaz.

Nessa direção, a realização plena do trabalho dos professores exige que se quebrem velhos paradigmas, uma vez que atualmente não se aceita mais o discurso recorrente no passado de que se o estudante "não acompanha" o programa proposto para a classe na qual está inserido, ele deve ficar retido até que vença todas as dificuldades, ou seja encaminhado a uma escola especial. Em síntese, a escola, geralmente, vem "engrossando" a fila dos excluídos que, para Carvalho (2004, p. 69), "são aqueles que não conseguem ingressar nas escolas e, também, aqueles que, mesmo matriculados, não exercitam seus direitos de cidadania, de apropriação e construção de conhecimentos".

Os professores precisam compreender que a construção de uma proposta pedagógica deve possibilitar aos estudantes "uma voz ativa e crítica e que lhes forneça o conhecimento e as habilidades necessárias para sobrevivência e crescimento no mundo moderno" (ARONOWITZ & GIROUX, apud MOREIRA, 1992, p. 88). Para Moreira (1992, p. 88), "não se pode deixar de discutir o conteúdo apropriado ao desenvolvimento de práticas curriculares que favoreçam o bom rendimento e a autonomia dos estudantes e, em particular, que reduzam os elevados índices de evasão e repetência de nossa escola de primeiro grau".

Em suma, deve-se construir uma proposta de inclusão que assegure a todos os estudantes o acesso ao conhecimento, fazendo com que eles tenham interesse em aprender de forma significativa, pois ela foi construída para eles. Os professores, muitas vezes, não percebem que, no cotidiano escolar, se fazem presentes elementos da cultura vivida tanto pelos estudantes quanto pelos docentes. De acordo com Paixão e Nunes (2015), as diferentes manifestações culturais, ao se agregarem na sala de aula, nos conteúdos das disciplinas curriculares, é que irão se constituir como espaços nos quais se pode observar e identificar melhor quem, realmente, são os sujeitos de aprendizagem. O documento, publicado em 2008 pelo MEC, dispõe sobre como devem ser realizadas essas mudanças, referindo-se, especificamente, às condições ideais de acessibilidade:

> [...] os sistemas de ensino devem organizar as condições de acesso aos espaços, aos recursos pedagógicos e à comunicação que favoreçam a promoção da aprendizagem e a valorização das diferenças, de forma a atender as necessidades educacionais de todos os estudantes. A acessibilidade deve ser assegurada mediante a eliminação de barreiras arquitetônicas, urbanísticas, na edificação – incluindo instalações, equipamentos e mobiliários – e nos transportes escolares, bem como as barreiras nas comunicações e informações (BRASIL, 2008).

Ressalta-se que, nessa perspectiva, é fundamental que a escola promova uma comunicação efetiva com os estudantes, possibilitando comunicações e trocas entre todos os sujeitos, objetivando suas aprendizagens, em consonância com a diversidade presente nas escolas. Assim, "o professor deve falar vários idiomas para seu trabalho na diversidade" (CARVALHO, 2004, p. 57). O exposto significa que o docente deve mudar sua linguagem, a forma de compreender o processo de aprendizagem dos estudantes e, principalmente, precisa se desprender dos velhos modelos. Para Alves-Mazzotti et al. (2000, p. 101),

> [...] essa nova linguagem não é apenas um instrumento de que cada educador/a se serve para exprimir suas práticas e se comunicar. Nem é uma linguagem natural, inocente, desinteressada. Reivindica a indissolubilidade entre ela própria e a representação que os/as educadores/as têm da "realidade". Porque sabe que qualquer alteração na lin-

guagem repercute em seus fazeres e dizeres profissionais, e em suas interpretações do mundo. Porque entende que, na docência, o que conta não é a quantidade de conhecimentos transmitidos, mas a "linguagem" utilizada. Porque concebe que o que se transmite não são os conhecimentos, mas uma determinada linguagem. Ela é que ensina, e com ela se aprende.

Então, as escolas necessitam criar um novo olhar, priorizando uma nova concepção sobre a aprendizagem, não só para os estudantes com NEE, mas, também, para os outros estudantes, modificando sua linguagem, deixando de entendê-la apenas como "uma forma de descrever a realidade como ela é" (ALVES-MAZZOTTI et al., 2000, p. 90). Para Carvalho (2004, p. 58), "quando professor e aluno não falam o mesmo idioma, impõe a este "aprisionar" seus interesses, sua inteligência e a autoria de seus próprios textos, para expressar-se em um idioma que não é seu; é tido, então, como deficiente".

Ao longo do tempo, o que vem se presenciando nas escolas "exclusoras" é uma rejeição dos estudantes que não seguem as suas determinações, principalmente as referentes à aprendizagem, ou seja, essas instituições, durante muito tempo, ao excluir de seus quadros uma parte significativa dos educandos, priorizando uma língua, tanto falando quanto entendendo, podem ser definidas como monoglotas. Para Gomes (2007), "não será suficiente incluir as crianças com deficiência na escola regular comum se também não se realizar um processo de reeducação do olhar e das práticas, a fim de superar os estereótipos que pairam sobre esses sujeitos, suas histórias, suas potencialidades e vivências" (GOMES, 2007, p. 34).

Considera-se que, além de modificar a linguagem, as escolas precisam, também, alterar seus olhares sobre os estudantes com

NEE que fazem parte de seu público. De acordo com Gomes (2007, p. 26), é preciso superar "o apelo romântico ao diverso e ao diferente e construir políticas e práticas pedagógicas e curriculares nas quais a diversidade seja uma dimensão constitutiva do currículo, do planejamento das ações, das relações estabelecidas na escola".

5 EDUCAÇÃO PROFISSIONAL INCLUSIVA
UMA BUSCA DE MELHORES CONDIÇÕES DE FORMAÇÃO PARA O MUNDO DO TRABALHO

A educação profissional ainda é uma temática pouco explorada no âmbito da educação inclusiva. Assim, as legislações nacionais e internacionais que garantem o acesso e a permanência de pessoas com deficiência em ambientes escolares, em sua maioria, estão voltadas para as etapas da educação básica, sem adentrar na mencionada modalidade de educação.

Diante disso, levando-se em consideração essas afirmações, torna-se de fundamental importância abordar a educação profissional na perspectiva inclusiva, ou seja, a proposta de atendimento aos estudantes com NEE nessa modalidade de educação.

Na educação profissional, ao longo dos anos, constataram-se dificuldades e até mesmo impossibilidades de acesso para as pessoas com NEE, tendo em vista as barreiras encontradas por esses sujeitos nos seus percursos escolares que interferiam tanto na aquisição da titularidade como técnico de nível médio quanto no acesso aos níveis mais elevados de escolaridade.

Essa situação vivenciada por esses sujeitos pode ser identificada como salas de aula e professores que os excluíram, apesar de esses espaços se constituírem como *loci* de aprendizagens. De acordo com Viégas (2003, p. 26), "se a sala de aula é o lugar de aprendizagem sistematizada por excelência, tem sido, também, o lugar de excludência ao não possibilitar que, a cada aluno, seja assegurado o direito de trabalhar com estratégias próprias de aprendizagem". E, como é atribuída à escola a responsabilidade de promover as mudanças sociais, é preciso, também, que a comunidade escolar modifique a maneira como tem lidado com as diferenças em seus espaços educativos: "a sala de aula e a escola são os lugares para trabalhar os diversos conteúdos curriculares, favorecendo o desenvolvimento da autonomia intelectual do aluno e seu pensamento crítico" (VIÉGAS, 2003, p. 33).

O que se pode afirmar é que o não acolhimento dos referidos sujeitos provoca várias dificuldades no seu processo de inserção escolar. Ou seja, ainda falta sensibilidade por parte de muitos docentes para perceberem a necessidade de construção de propostas pedagógicas significativas, que se traduzam em conhecimentos para os educandos com NEE, capazes de provocar mudanças nos processos de inclusão social e laboral dessas pessoas, considerando suas diferenças. Então, torna-se fundamental que se promova

> [...] a sensibilização das pessoas em ver o outro como sujeito de direito, cujas potencialidades são diferentes, e por isso não podem ser vistas de acordo com os padrões de "normalidade" ou de "uniformidade" das capacidades das pessoas, como se fosse possível formatá-las. A formação docente deve instrumentalizar o(a) docente na apreensão dos conhecimentos da área de direitos humanos, de forma articulada com os conteúdos específicos do campo profissional, e nos processos metodológicos e avaliativos que contribuam para a criticidade e a consciência de cidadania coerentes com os fundamentos dos direitos humanos e da educação inclusiva (SILVA, 2015, p. 100).

Dentre os direitos sociais comuns a todos, defendidos pelas minorias sociais, no final do século XX e início do XXI, pode ser citada uma melhor qualificação e inserção laboral por meio do adentramento e da permanência dos estudantes com NEE nos diferentes níveis e modalidades de educação e, de modo mais específico, na educação profissional. Nessa época, vários documentos normativos foram criados, objetivando consolidar a garantia desses direitos.

Dessa forma, tendo em vista que tanto o que está disposto no artigo 205 da Constituição Federal de 1988 – "a educação, direito de todos e dever do Estado e da família, será promovida e incentivada com a colaboração da sociedade, visando ao pleno desenvolvimento da pessoa, seu preparo para o exercício da cidadania e sua qualificação para o trabalho" (BRASIL, 1988) – quanto o determinado no artigo 2º da Lei de Diretrizes e Bases da Educação (Lei n. 9.394, de 1996) – pelo qual "a educação, dever da família e do Estado, inspirada nos princípios de liberdade e nos ideais de solidariedade humana, tem por finalidade o pleno desenvolvimento do educando, seu preparo para o exercício da cidadania e sua qualificação para o trabalho" (BRASIL, 1996) – pode-se afirmar que esses dispositivos legais devem contemplar todos os cidadãos brasileiros, inclusive aqueles com NEE.

Nota-se que, em ambos os documentos, faz-se referência à qualificação para o trabalho como uma das finalidades da educação para todos os cidadãos, evidenciando que essa qualificação se torna fundamental para o desenvolvimento das pessoas, independentemente de suas diferentes condições.

No entanto, mesmo considerando o que está estabelecido no *caput* do artigo 1º da Lei n. 9.394, de 1996, "a educação abrange os processos formativos que se desenvolvem na vida familiar, na convivência humana, no trabalho, nas instituições de ensino e pesquisa, nos movimentos sociais e organizações da sociedade civil e nas manifestações culturais" (BRASIL, 1996), e no parágrafo 2º desse mesmo artigo, "a educação escolar deverá vincular-se ao mundo do trabalho e à prática social" (BRASIL, 1996), essas determinações ainda não estão bem consolidadas quando se trata de pessoas com NEE, principalmente no que se refere à educação profissional.

Pode-se considerar que uma maneira de se conseguir a qualificação profissional para esses sujeitos seria por meio do que está estabelecido no artigo 39 da LDB em vigência: "a educação profissional e tecnológica, no cumprimento dos objetivos da educação nacional, integra-se aos diferentes níveis e modalidades de educação e às dimensões do trabalho, da ciência e da tecnologia"[18] (BRASIL, 1996). A educação profissional, então, poderia conferir a esses sujeitos o direito subjetivo à profissionalização e inseri-los no mundo do trabalho como forma de inclusão social. Essa disposição deve abranger todas as pessoas com NEE, incluindo aquelas com grandes dificuldades, e as que possuem altas habilidades. Conforme o expresso no inciso IV, do artigo 59, do referido documento normativo prevê-se:

> [...] educação profissional para o trabalho, visando a sua efetiva integração na vida em sociedade, inclusive condições adequadas para os que não revelarem capacidade de inserção no trabalho competitivo, mediante articulação com os órgãos oficiais afins, bem como aqueles que apresentam uma habilidade superior nas áreas artística, intelectual ou psicomotora (BRASIL, 1996).

Da mesma forma, conjugando o artigo 39 desse mesmo documento, que se refere à educação profissional e tecnológica, com

---

18. Redação dada pela Lei n. 11.741, de 2008.

o artigo 58, referente à educação especial, entende-se que, para os sujeitos com deficiência, transtornos globais do desenvolvimento e altas habilidades/superdotação, que demonstrarem necessidade, o atendimento da educação especial terá, como objetivo, beneficiar o processo de aprendizagem na formação profissional desses sujeitos.

A Constituição Federal de 1988 já garantia o direito à profissionalização no *caput* do artigo 227 que estabelece: "É dever da família, da sociedade e do Estado assegurar à criança, ao adolescente e ao jovem, com absoluta prioridade, dentre outros, o direito à profissionalização, além de colocá-los a salvo de toda forma de negligência, discriminação, exploração, violência, crueldade e opressão"[19]. O inciso II desse mesmo artigo estabelece que o Estado deve prover "[...] integração social do adolescente e do jovem portador de deficiência, mediante o treinamento para o trabalho"[20]. Posteriormente a esse documento normativo, e especificamente às pessoas com deficiência, a Lei n. 13.146, de 2015 (Lei Brasileira de Inclusão – LBI), garante o direito à profissionalização e ao trabalho como dever do Estado, da sociedade e da família, por meio do artigo 8º (BRASIL, 2015).

Diante dessas considerações é possível afirmar que, para as pessoas com NEE, historicamente consideradas como incapazes e incompetentes para a realização de qualquer trabalho, principalmente aqueles direcionados para qualquer cidadão, a educação profissional pode se constituir como uma opção para o ingresso desses sujeitos no mundo do trabalho, tendo-se uma melhor qualificação e possibilitando o acesso a atividades laborais mais complexas do que aquelas que, até então, foram destinadas a eles, que se caracterizavam pela simplicidade e pela repetição. Segundo o que

---

19. Redação dada pela Emenda Constitucional n. 65, de 2010.
20. Idem.

está estabelecido no artigo 28 da LBI: "Incumbe ao poder público assegurar, criar, desenvolver, implementar, incentivar, acompanhar e avaliar: XIII – acesso à educação superior e à educação profissional e tecnológica em igualdade de oportunidades e condições com as demais pessoas".

Sobre a legislação brasileira, na área em apreço, Manica e Caliman (2015) afirmam que se pode dizer que o avanço e as conquistas das pessoas com deficiência sejam algo real. O Brasil tem se destacado diante dos países mais desenvolvidos em relação à legislação, o que se necessita agora é criar mecanismos para que essa legislação se cumpra.

Diante disso, os cursos de capacitação profissional devem estar voltados para o crescimento da capacidade laboral desses sujeitos para que sejam aumentadas suas chances de inserção no mundo do trabalho. Carneiro (2005, p. 22) considera que é fundamental que se elevem "as condições do trabalho do deficiente, para que ele possa ter ampliadas as chances de inserção variada no mercado de trabalho". Para esse autor,

> [...] a qualificação para o trabalho essencializa um projeto de vida e, no caso da pessoa com deficiência, significa incorporar, adicionalmente, rotas de construção segura de identidades sociais e coletivas. Não se pode retirar destas pessoas este direito inalienável, sob pena de se violarem dois primados do Estado democrático de direito, presentes na Constituição Federal: a dignidade da pessoa humana e a edificação de uma sociedade solidária (CARNEIRO, 2005, p. 24).

Essa qualificação poderá garantir aos sujeitos com NEE seus direitos de cidadania, abandonando-se, de vez, as propostas assistencialistas que foram construídas para eles durante longos anos, por não se acreditar nas suas potencialidades, concentrando-se apenas no que eles tinham de mais deficitário, que se constituía como a sua própria condição de deficiência. Esse posicionamento que perdurou por muito tempo contribuiu para a construção da ideia de incompetência desses sujeitos no imaginário educacional e social. De acordo com documento elaborado pelo Ministério do Trabalho e Emprego (MTE), em 2007,

> [...] quanto às pessoas com deficiência, estamos superando o viés assistencialista e caridosamente excludente para possibilitar-lhes a inclusão efetiva. Passaram a ser sujeitos do próprio destino, não mais meros beneficiários de políticas de assistência social. O direito de ir e vir, de trabalhar e de estudar é a mola-mestra da inclusão de qualquer cidadão e, para que se concretize em face das pessoas com deficiência, há que se exigir do Estado a construção de uma sociedade livre, justa e solidária, como preconiza o artigo 3º da Constituição Federal de 1988, por meio da implantação de políticas públicas compensatórias e eficazes (BRASIL, 2007, p. 11).

Esse caráter assistencialista, presente na educação profissional, objetivava a preparação dos sujeitos apenas para trabalhos menos qualificados e menos reconhecidos socialmente, ou seja, trabalhos repetitivos e pouco elaborados, que não demandavam daqueles que os exerciam quaisquer habilidades criativas e de modificação daquilo que estava estabelecido. Para romper com esse assistencialismo, em 1999, o Parecer CNE/CEB n. 16/1999, dispôs que

> [...] não se concebe, atualmente, a educação profissional como simples instrumento de política assistencialista ou linear ajustamento às demandas do mercado de trabalho, mas sim como importante estratégia para que os cidadãos tenham efetivo acesso às conquistas científicas e tecnológicas da sociedade. Impõe-se a superação do enfoque tradicional da formação profissional baseado apenas na preparação para execução de um determinado conjunto

de tarefas. A educação profissional requer, além do domínio operacional de um determinado fazer, a compreensão global do processo produtivo, com a apreensão do saber tecnológico, a valorização da cultura do trabalho e a mobilização dos valores necessários à tomada de decisões (BRASIL, 1999).

No entanto, alguns sujeitos com deficiência não tinham acesso nem mesmo a uma proposta assistencialista da educação profissional, pois muitos eram excluídos das escolas antes que completassem os primeiros anos da educação básica, ou seja, antes que tivessem condições de pleitear a oportunidade de se capacitarem profissionalmente. Em síntese, o que se demandava desses sujeitos nessas escolas excludentes era que eles se adaptassem às suas exigências, o que era impossível para muitos deles, em função das suas condições de deficiência e, decorrentemente, interrompiam seus percursos escolares, evadindo-se.

Destaca-se que os trabalhos destinados às pessoas com deficiência, de maneira geral, eram em postos que não exigiam qualquer qualificação profissional. Pode-se enfatizar que, desde as primeiras experiências das pessoas com deficiência em situações de trabalho, elas sempre foram marcadas por uma descrença nas suas potencialidades.

Adentrando nas primeiras experiências, vivenciadas no século XIX pelas pessoas com deficiência no que se refere às suas capacitações para o mundo do trabalho, pode-se evidenciar uma preocupação com suas independências, mesmo se tratando de propostas laborais bastante elementares. Assim, é possível citar, como exemplo, o Imperial Instituto dos Meninos Cegos, criado em 1854, hoje Instituto Benjamin Constant, que ofertava um ensino elementar que abrangia a leitura, escrita, matemática básica, ciências e, também, a capacitação para um ofício, para que os estudantes pudessem se desenvolver profissionalmente. Nessa instituição, "havia preocupação com a cultura em geral, mas o foco era o de fornecer instrumentos ao aluno com deficiência visual, de modo que ele pudesse ganhar sua vida, sozinho, sem dependência" (*Benjamin Constant e o "Imperial Instituto dos Meninos Cegos"*, s.d.). Assim, pouco tempo depois da inauguração do Instituto, foram instaladas oficinas para aprendizagem de ofícios, tipografia e encadernação, para os meninos cegos, e tricô, para as meninas (MAZZOTTA, 2005).

> Com seus 164 anos de existência, o IBC se consolidou como referência nas questões não só ligadas à educação propedêutica propriamente dita de crianças e adolescentes com deficiência visual, mas também ao ensino de técnicas e práticas fundamentais para que os alunos da instituição adquiram a autonomia necessária à inclusão de forma efetiva na sociedade – em especial, no mundo do trabalho (BRASIL, 2019a).

No seu início, a escolaridade oferecida pelo Instituto se estendia por oito anos. Nos três primeiros anos, os estudantes tinham contato com as disciplinas relativas a leitura, escrita, cálculo, até frações decimais. Foram, ainda, contemplados os estudos referentes à música e às artes mecânicas adaptadas à idade e à força muscular dos meninos. Ressalta-se que, quando ingressavam no quarto ano, se estudava Gramática, Francês, Aritmética e Princípios Elementares de Geografia, Música e Ofícios Mecânicos. A partir do quinto ano, além das disciplinas anteriores, os estudantes aprendiam Geometria Plana e Retilínea, História e Geografia Antiga, Média e Moderna e Interpretação dos Evangelhos. No último ano, o oitavo, o estudo se limitava à aprendizagem de História e Geografia Nacional, além do aperfeiçoamento nas áreas da Música e dos Trabalhos Mecânicos (*Benjamin Constant e o "Imperial Instituto dos Meninos Cegos"*, s.d.).

Atualmente, esse Instituto oferece educação especializada para pessoas com deficiência visual da pré-escola à educação profissional de nível médio[21], contando, também, com um Núcleo de Capacitação e Empregabilidade[22] (Nucape) que tem como objetivo a (re)inserção das pessoas cegas e com baixa visão no mercado de trabalho.

Outra instituição que, historicamente, vem oferecendo formação profissional para pessoas com deficiência, e que, também, foi criada no século XIX, é o denominado, atualmente, Instituto Nacional de Educação de Surdos (Ines). Esse Instituto foi criado, em meados do século XIX, por iniciativa do surdo francês E. Huet,

---

21. A partir de 2019 serão oferecidos cinco cursos – dois integrados ao Ensino Médio, um integrado à Educação de Jovens e Adultos de nível médio e dois nas modalidades concomitante (para alunos que estejam cursando o Ensino Médio) e subsequente (para aqueles que já concluíram o Ensino Médio). Curso Técnico em Instrumento Musical Integrado ao Ensino Médio – 12 vagas anuais, sendo 4 para cada habilitação (piano, violão e guitarra elétrica); Curso Técnico em Artesanato Integrado ao Ensino Médio – 12 vagas anuais, sendo 4 para cada habilitação (cerâmica, escultura e serigrafia); Curso Técnico em Artesanato Integrado à Educação de Jovens e Adultos – 12 vagas anuais, sendo 4 para cada habilitação (cerâmica, escultura e serigrafia); Curso Técnico em Massoterapia concomitante/subsequente – 32 vagas anuais (16 para cada semestre do ano); Curso Técnico de Revisão de Textos no Sistema Braille concomitante/subsequente – 20 vagas anuais. Todos os cursos são voltados exclusivamente para pessoas cegas e com baixa visão (BRASIL, 2019b).

22. O Núcleo de Capacitação e Empregabilidade (Nucape) é um serviço criado pelo Instituto Benjamin Constant para a (re)inserção das pessoas cegas e com baixa visão no mercado de trabalho. Esse trabalho é desenvolvido no Departamento de Estudos e Pesquisas Médicas e de Reabilitação (DMR), por profissionais da Divisão de Reabilitação, Preparação para o Trabalho e Encaminhamento Profissional (DRT), contando com o apoio da área de psicologia. *As atividades oferecidas pelo Nucape são, exclusivamente, para pessoas com deficiência visual, sejam elas vinculadas ao IBC ou não.* Para a inscrição nos cursos e oficinas promovidos por esse núcleo, o interessado deve apresentar laudo oftalmológico atestando a deficiência visual, em conformidade com o Decreto n. 5.296, de 2004, que traz definições de deficiência visual. Atualmente, o Nucape conta com um cadastro de pessoas com deficiência visual interessadas em (re)ingressar no mercado de trabalho em diversas áreas de atuação profissional. Caso haja interesse das empresas empregadoras, elas devem entrar em contato por e-mail ou telefone informando as características da vaga. Candidatos que tiverem interesse em deixar o currículo devem enviá-lo para o e-mail nucape@ibc.gov.br ou entregá-lo pessoalmente na sala 103 do Instituto Benjamin Constant. Para outras informações, entrar em contato com o núcleo, pessoalmente, por telefone ou e-mail (BRASIL, 2019c).

recebendo como primeira denominação Colégio Nacional para Surdos-mudos, e que atendia ambos os sexos. A primeira proposta do currículo ofertado pela instituição contemplava as disciplinas de Língua Portuguesa, Aritmética, Geografia, História do Brasil, Escrituração Mercantil, Linguagem Articulada, Doutrina Cristã e Leitura sobre os Lábios. Em 1857, essa instituição passou a ser denominada Imperial Instituto dos Meninos Surdos e, em 1957, recebeu a atual denominação de Instituto Nacional de Educação de Surdos (Ines) (BRASIL, 2007).

Desde a sua fundação, este Instituto se constituiu como "um estabelecimento educacional voltado para a 'educação literária e o ensino profissionalizante' de meninos 'surdos-mudos', com idade entre 7 e 14 anos" (MAZZOTTA, 2005). Destaca-se que a conclusão dos estudos estava condicionada à aprendizagem e ao desempenho de um ofício. Os estudantes frequentavam, de acordo com suas aptidões, oficinas de sapataria, alfaiataria, gráfica, marcenaria e artes plásticas. As oficinas de bordado eram oferecidas às meninas que frequentavam a instituição em regime de externato (BRASIL, 2007).

Durante muitos anos, o Ines foi a única instituição de educação para surdos no território brasileiro e mesmo em países vizinhos, por isso recebeu alunos de todo o Brasil e do exterior, tornando-se referência para os assuntos de educação, profissionalização e socialização de surdos (BRASIL, 2007).

Atualmente, os estudantes surdos que frequentam o Instituto recebem escolarização desde a Educação Infantil até o Ensino Médio, dando-se destaque à oferta de artes e de esportes. O Instituto busca, também, qualificar os estudantes por meio do ensino profissionalizante e dos estágios remunerados (BRASIL, 2007), objetivando o encaminhamento das pessoas surdas para o mercado de trabalho, valorizando suas potencialidades e promovendo o exercício da cidadania. Esses cursos estão disponíveis para estudantes do Colégio de Aplicação e para as pessoas surdas da comunidade. Ressalta-se que, quando os estudantes são encaminhados ao mercado de trabalho, é oferecida uma assessoria técnica às empresas que os receberão (BRASIL, s.d.).

Além dessas iniciativas direcionadas para pessoas com deficiência, Manica e Caliman (2015) dão destaque à criação do Serviço Nacional de Aprendizagem Industrial (Senai), em 1942, para atender a qualquer tipo de cidadão, independentemente de ter ou não alguma deficiência. O trabalho realizado nessa instituição visa à preparação do indivíduo para o mercado de trabalho formal, prioritariamente para estudantes sem deficiência. Contudo, proporcionava-se o atendimento de pessoas com deficiência, mesmo não podendo contar com metodologias específicas. As autoras esclarecem que as escolas do Senai, apesar de atenderem pessoas com deficiência, não tinham nenhuma obrigação legal para ofertar esse atendimento. Assim, o serviço "era realizado na medida em que os representantes das escolas desejassem, ou que algum empresário se sensibilizasse e fizesse a solicitação para o atendimento de alunos que tivessem algum tipo de deficiência" (MANICA & CALIMAN, 2015, p. 54).

Essas autoras afirmam que a contratação de trabalhadores com deficiência era uma resposta às posturas de assistencialismo e de piedade empresarial. No entanto, atualmente, a citada instituição é considerada como uma "escola inclusiva, que se prepara para atender a uma indústria inclusiva, fato que pode ser considerado utopia" (MANICA & CALIMAN, 2015, p. 55).

6 A EDUCAÇÃO PROFISSIONAL INCLUSIVA NA ATUALIDADE

As mudanças sociais e econômicas ocorridas na atualidade exigem que todas as pessoas, inclusive aquelas que possuem NEE, modifiquem suas posturas frente às oportunidades e às dificuldades encontradas no dia a dia. Assim, é preciso que sejam construídas formas mais eficientes de entendimento e aceitação dessas pessoas, em todos os campos educacionais e sociais, pois não se aceita mais que esses sujeitos vivam eternamente na dependência de seus familiares e de tutores. É preciso que todos participem, efetivamente, daquilo que a sociedade lhes oferece e, em contrapartida, que ofereçam algo em troca, em benefício dessa mesma sociedade.

Essa sociedade moderna, cada vez mais complexa e mutável, vem exigindo um profissional capacitado no campo da educação profissional, que tenha "capacidade de inovar, mudar hábitos, mobilizar e articular conhecimentos com rapidez, transformar informações em conhecimentos, ter domínio sobre técnicas e tecnologias de seu campo de atuação e atualizar-se permanentemente" (REHEM, 2009, p. 20).

Diante disso, indaga-se: quem é o sujeito, não do ensino, mas da aprendizagem? Para Ortega y Gasset (apud CARNEIRO, 2005, p. 50), "o sujeito de aprendizagem é o aluno e sua circunstância, isto é, sua diversidade". Carneiro (2005) segue afirmando que, para isso, as escolas devem organizar as aprendizagens, de forma a viabilizar níveis e formas operacionais para a concepção de educação inclusiva e de escola profissional, tomando como referência os marcos legais e os ordenamentos jurídicos existentes. Esses posicionamentos são corroborados por Viégas (2003, p. 25), quando considera que

> [...] à instituição escolar cabe desenvolver, a partir dos marcos legais existentes e dos ordenamentos jurídicos legais disponíveis, propostas e níveis de acessibilidade capazes de viabilizar a prática de uma educação inclusiva, a partir de quatro diferentes níveis: currículo, gestão, metodologias e avaliação[23].

A partir desses diferentes níveis propostos por Viégas (2003), é fundamental que tanto a gestão escolar quanto a gestão da sala de aula assegurem que o direito à individuação seja foco da prática da educação inclusiva, isto é, deve-se assegurar que os sujeitos com NEE tenham sua formação, levando-se em consideração suas especificidades. Essa propositura impõe à escola e aos professores, segundo essa autora, quatro questões básicas:

> I – A quem cabe a centralidade da aprendizagem?
> II – Como assegurar espaços institucionais ao direito de cada um conservar ou adquirir a pilotagem sobre sua própria existência?
> III – Como possibilitar a construção jurídica e social dos indivíduos com necessidades educacionais especiais, no âmbito da educação profissional?
> IV – Como assegurar espaços institucionais para a construção de uma identidade própria? (VIÉGAS, 2003, p. 26).

Para responder a essas questões, levando-se em consideração o que foi exposto, é imprescindível que as instituições de forma-

---

[23]. Maior detalhamento sobre currículo, gestão, metodologias e avaliação pode ser encontrado em Viégas (2003, p. 25-26).

ção técnica profissional reconheçam os sujeitos com NEE, em suas especificidades, propondo um projeto que reconheça a dimensão social da aprendizagem, não contemplando conteúdos abstratos nas suas abordagens teóricas (CARNEIRO, 2005). Nessa direção, as respostas às questões anteriormente referidas devem ter como foco as seguintes ações:

- Trabalhar sempre com programas flexíveis na organização.
- Desenvolver práticas pedagógicas, de educação profissional, permeáveis às mudanças do mercado de trabalho.
- Valorizar a diversidade dos indivíduos, detentores de singularidades cerebrais, mentais, psicológicas, afetivas, intelectuais, subjetivas, econômicas e culturais.
- Abordar os conteúdos por via de critérios multidiretivos.
- Favorecer diferentes ecossistemas educacionais (Pierre Lévy).
- Reconhecer, academicamente, diferentes espaços de produção da informação e do conhecimento.
- Motivar rotas múltiplas de aprendizagem sistemática e assistemática.
- Estimular práticas socioculturais e educativas de caráter presencial e/ou virtual.
- Investir no projeto escolar como um meio de despadronização.
- Construir vias de autonomia escolar.
- Potencializar mecanismos de alternativas metodológicas.
- Focar a avaliação de desempenho pessoal e, não, de conteúdos programáticos soltos (CARNEIRO, 2005, p. 52).

Dessa forma, o que deve ser ofertado aos sujeitos com NEE se constitui como uma formação profissional que lhes dará condições de adentrarem no mundo do trabalho, tendo em vista que as atuais exigências para esses sujeitos, no que se refere ao avanço de suas condições educacionais e da qualificação profissional, estão diretamente ligadas à busca de inclusão social e de melhores condições de vida por meio do trabalho. De acordo com Silva (2015, p. 112),

> [...] isso nos leva a um grande desafio em relação à formação profissional dos(as) que atuam na área da educação, qual seja, ultrapassar a lógica da educação como mercadoria, para fundamentá-la como um bem social que está afeto a todas as pessoas, além de consolidar os alunos como sujeitos do direito de um processo educacional sobre o qual são atores e têm pertencimento integral a ele.

Essa situação difere totalmente do que se presenciou até o início deste século, quando "toda função educativa muda substantivamente, uma vez que a educação passa a ser entendida e desenvolvida como um direito humano e, portanto, inclusiva para todos sem qualquer distinção. Essa é a educação que se busca em uma sociedade democrática de direito" (SILVA, 2015, p. 112). A partir de então, os sujeitos com deficiência passaram a ter direito a uma formação profissional que lhes proporcionasse uma efetiva inserção laboral, diferente do que ocorria até então, quando, geralmente, eles eram destinados a assumir subempregos que não lhes davam condições de serem independentes financeiramente, colocando-os em situações de precariedade.

Não se pode desconsiderar, no entanto, que esses subempregos priorizados, principalmente no século XX, possibilitaram que as pessoas com deficiência saíssem de suas casas e adentrassem na sociedade. Assim, esses subempregos podem ser considerados como uma das primeiras tentativas de profissionalização dessas pessoas. De acordo com Manica e Caliman (2015, p. 77-78),

> [...] a contratação dessas pessoas com deficiência na indústria, mesmo que para funções e postos que exigiram apenas ações repetitivas, marcaram uma grande conquista para aquela época. Isso demonstrava um aspecto positivo

na evolução quanto à saída dessas pessoas do confinamento de suas moradias para o convívio com outras pessoas em um ambiente de trabalho.

Para a situação vivenciada no século XXI, Correia (1995) afirma que seria desejável que ocorresse uma aproximação entre os contextos de formação e os contextos de trabalho, sendo que a formação não pode ser pensada segundo o registro da adaptabilidade. Trata-se de uma aproximação crítica, funcionalmente "desadaptada" às relações instituídas de trabalho, voltadas para a reavaliação dos coletivos de trabalho, nos quais a formação é agente catalisador das trocas entre as diferentes linguagens e possibilidades de trabalho.

Concorda-se com esse posicionamento de Correia, pois, na educação profissional, deve-se buscar a integração entre a capacitação e a inserção laboral. Assim, os estudantes com deficiência precisam ser capacitados para desenvolver atividades que sejam contempladas no mundo do trabalho, pois de nada adiantaria aprender algo que não tivesse uma aplicabilidade posteriormente. De acordo com Santos (2010, p. 82), "a qualidade da educação somente poderá ser efetiva quando nossos alunos conseguirem aprender o que ensinamos e quando aplicarem os conteúdos desenvolvidos na escola na vida pessoal, prática e profissional".

Outro conceito que deve ser contemplado na busca por aprendizagens significativas e adaptação ao mundo do trabalho refere-se ao tempo no qual essa aprendizagem se processa. Muitos estudantes com NEE precisam ter à sua disposição o tempo necessário para que os conteúdos que lhes forem transmitidos se consolidem como conhecimento. Viégas (2003, p. 26) define esse conceito como pluritemporalidade, ou seja, para que "as instituições dedicadas à educação profissional possam acolher o aluno com necessidades educacionais especiais é mister que elas trabalhem, em toda a sua programação de cursos, com o conceito de pluritemporalidade". Dessa forma, compreende-se que os tempos de aprendizagens são diferentes entre as pessoas/estudantes e, quando se trata de estudantes com NEE, esse tempo precisa ser repensado, para que cada um possa aprender de acordo com suas especificidades.

No que tange à educação profissional, os egressos desses cursos, nomeadamente pessoas sem deficiência, são, geralmente, requisitados pelo mercado de trabalho, considerando que, no país, a presença de pessoas com deficiência nesse mercado é muito recente, datando do final do século XX. Por isso, a garantia normativa do direito à educação e ao trabalho deve provocar, nos cursos de educação profissional, mudanças substanciais, que poderão proporcionar aos sujeitos com NEE o desenvolvimento de suas competências e habilidades individuais que os levará a se afirmarem no mundo do trabalho. A esse respeito, Viégas (2003, p. 27) destaca que

> [...] o aluno "especial" deve poder evoluir em sua individualidade e não apenas no avanço do programa. Isso implica desenvolver competências e habilidades individuais que lhes assegurem autonomia de movimentos e meios de se afirmar socialmente. Ou seja, se afirmar pelo trabalho.

Touraine (1997, p. 65, apud CARNEIRO, 2005) afirma que, para uma adequada gestão de cursos e programas de educação profissional, não se pode perder de vista nem o direito à individuação, lastro do eixo igualdade/diversidade, nem a categoria jurídica de construção do sujeito democrático. Essas ações levam em consideração as subjetividades dos sujeitos aprendizes, valorizando seus saberes e singularidades, dando a eles possibilidades de responderem às exigências do mercado de trabalho, com competência e eficácia. "Trata-se de materializar a igualdade real entre as pessoas a partir do pensamento de que a verdadeira igualdade consiste em se tratar igualmente os iguais e desigualmente os desiguais, na justa medida da desigualdade" (BRASIL, 2007, p. 12).

Diante disso, é possível oferecer a todos o direito de aprender, levando-se em conta suas dificuldades e valorizando suas potencialidades. Assim, apesar da deficiência, o sujeito possui competências e habilidades, sendo que a deficiência passa a ser uma característica e não mais a condição para sua rejeição, diferentemente do que vinha ocorrendo no passado quando, segundo Silva (2006, p. 426),

> [...] o corpo deficiente é insuficiente para uma sociedade que demanda dele o uso intensivo que leva ao desgaste físico, resultado do trabalho subserviente, ou para a construção de uma corporeidade que objetiva meramente o controle e a correção, em função de uma estética corporal hegemônica, com interesses econômicos, cuja matéria-prima/corpo é comparável a qualquer mercadoria que gera lucro.

Nessa perspectiva, não existiam razões para se investir nas aprendizagens dos sujeitos com deficiência e, muito menos, visando a sua qualificação profissional, pois "a estrutura funcional da sociedade demanda pessoas fortes, que tenham um corpo 'saudável', que sejam eficientes para competir no mercado de trabalho, [...] o corpo fora de ordem, a sensibilidade dos fracos, é um obstáculo para a produção" (SILVA, 2006, p. 426). Essa ideia é corroborada por Manica e Caliman (2015, p. 70), quando afirmam que "a sociedade, muitas vezes, já rotulou essas pessoas como ineficazes ou doentes, considerando-as inaptas para o ensino. Vencer essa barreira é algo que um docente comprometido com a mudança poderá propor em sua metodologia".

O estudante da educação profissional, principalmente aquele com NEE, pode usufruir do ambiente escolar, adquirindo uma educação de qualidade, sendo importante que o professor esteja atento às especificidades de cada um. Para Duek (2014, p. 57),

> [...] qualquer aluno, especialmente o aluno com deficiência, pode pensar e crescer no ambiente escolar. O docente deve propiciar espaços para propostas e atividades diferenciadas, em que os alunos vivam experiências multidisciplinares, raciocinem criticamente sobre os conteúdos, aprendam a solucionar problemas e, principalmente, acreditem que são agentes ativos do processo de aprendizagem.

Tendo em vista o exposto, é preciso que as escolas se conscientizem e promovam o que está expresso na Declaração de Salamanca. De acordo com Manica e Caliman (2014, p. 48), "o maior objetivo da Declaração de Salamanca foi determinar que a escola inclusiva fosse o lugar onde todos os alunos devessem aprender juntos, independentemente de qualquer dificuldade ou das diferenças que esses alunos possam ter", ou seja, a escola inclusiva é o lugar no qual a heterogeneidade passa a ser a premissa comum para todas as instituições escolares.

7 O TRABALHO DO PROFESSOR NA PERSPECTIVA DA EDUCAÇÃO PROFISSIONAL INCLUSIVA

Na perspectiva da educação profissional inclusiva, ressalta-se a importância do trabalho a ser realizado pelos professores, que deve considerar uma das prerrogativas da educação inclusiva que é a de contemplar a educação para todos. De acordo com Carvalho (2008, p. 32),

> [...] escola para todos é a que permite o acesso a todos os alunos, bem como o sucesso de cada um deles, entendido o acesso como o conjunto de procedimentos intrínsecos e extrínsecos ao sistema educativo que garantam ao aluno frequentar a escola e se relacionar com a comunidade escolar, e o sucesso como a concretização dos objetivos fixados no Projeto Educativo da escola em geral, e pelo professor, em particular, para a respectiva turma e para o aluno, por meio de um Projeto Curricular de Turma resultante de uma correta avaliação diagnóstica onde se refletem objetivos de recuperação e de ampliação, considerando as suas potencialidades e necessidades específicas e a ecologia envolvente.

Os profissionais, que atuam na educação profissional devem compreender que esta, sendo uma modalidade de educação, é educação e, como tal, deve ser regida pelos princípios educacionais gerais, principalmente aqueles que se refiram ao direito de todos os sujeitos ao acesso a uma educação de qualidade. De acordo com o Parecer CNE/CEB n. 16/1999:

> [...] A educação profissional é, antes de tudo, educação. Por isso mesmo, rege-se pelos princípios explicitados na Constituição Federal e na Lei de Diretrizes e Bases da Educação Nacional. Assim, a igualdade de condições para o acesso e a permanência na escola, a liberdade de aprender e ensinar, a valorização dos profissionais da educação e os demais princípios consagrados pelo artigo 3º da LDB devem estar contemplados na formulação e no desenvolvimento dos projetos pedagógicos das escolas e demais instituições de educação profissional (BRASIL, 1999).

Nesse sentido, conforme o disposto nesse documento normativo, reitera-se que a educação profissional deve se tornar, também, educação inclusiva, ou seja, deve realizar um trabalho que atenda à diversidade do seu público. Para Manica e Caliman (2015, p. 62), "a escola profissional inclusiva, além de atuar com os conhecimentos gerais, possui o objetivo de preparar pessoas para o mercado de trabalho e de educar todos os alunos, sejam 'pessoas com deficiência' ou 'sem deficiência', 'na' e 'para' a diversidade".

Para que se possa entender como está organizada essa modalidade educacional, parte-se do que está disposto nos *Referenciais curriculares nacionais para a educação profissional de nível técnico* que, de acordo com Viégas (2003, p. 23), definem vinte áreas profissionais[24]. A instituição, ao definir em qual(is) área(s) deve se concentrar a sua proposta de profissionalização, "deve trabalhar com uma organização de ensino aberta e flexível, ou seja, capaz de receber alunos de perfil variado", incluindo aqueles que possuem algum tipo de deficiência.

---

24. Essas áreas podem ser encontradas em Viégas (2003, p. 23).

Analisando o que dispõe o artigo 2º do Decreto n. 5.154, de 23 de julho de 2004[25], são necessárias algumas premissas nas quais a educação profissional deve se basear para que cada escola busque um melhor atendimento e formação para todos os estudantes que dela fazem parte:

> I – organização, por áreas profissionais, em função da estrutura sócio-ocupacional e tecnológica;
> II – articulação de esforços das áreas da educação, do trabalho e emprego, e da ciência e tecnologia (redação dada pelo Decreto n. 8.268, de 2014);
> III – a centralidade do trabalho como princípio educativo; e (incluído pelo Decreto n. 8.268, de 2014);
> IV – a indissociabilidade entre teoria e prática (incluído pelo Decreto n. 8.268, de 2014) (BRASIL, 2004).

Dessa forma, deve-se considerar que essas premissas se estendem aos estudantes com NEE, na perspectiva da educação inclusiva. A modalidade de educação em pauta deve se basear numa proposta de educar para a diversidade, como, também, esta deve ser contemplada em todos os níveis e pelas outras modalidades de educação, para que o estudante tenha condições de "transitar" por todas as áreas de seu interesse, como qualquer outra pessoa. De acordo com Carvalho (2008, p. 35), "na atualidade, a escola é cada vez mais desafiada no sentido da adoção de práticas compatíveis com a heterogeneidade da população de alunos, adaptando-se aos vários estilos e modos de aprendizagem, garantindo uma educação de qualidade".

Assim, na educação inclusiva, não importa onde a pessoa com NEE esteja matriculada, nem o segmento ou modalidade de educação que ela frequenta, pois a proposta será, sempre, rei-

---

25. Este decreto revoga o de n. 2.208, de 17 de abril de 1997, que regulamentava o § 2º do artigo 36 e os artigos 39 a 42 da Lei n. 9.394, de 1996, a LDB.

tera-se, pensar em educar para a diversidade. Isso significa ensinar, de forma que as pessoas aprendam o que é fundamental, na perspectiva da inclusão/inserção societária e laboral, promovendo a autoestima e melhorando a qualidade de vida dos sujeitos em apreço. Para Santos (2010, p. 82-83),

> [...] novas formas de pensar, de comunicar e de aprender desafiam as escolas de diferentes graus, complexidades e objetivos, implementando mecanismos alternativos, de flexibilização, compatíveis com as múltiplas e simultâneas funções da educação nas mais variadas situações que envolvem as relações entre os alunos, os professores, os pesquisadores e os trabalhadores – com as escolas e com as demais instituições relacionadas.

Dessa forma, a educação profissional, na modalidade de educação aqui pesquisada, precisa objetivar essa transformação; mas, para que isso ocorra, é necessário que sejam realizadas modificações estruturais nas suas propostas. Anteriormente, ou seja, durante muito tempo, a sociedade se constituía como meritocrática, consumista e competitiva. Contudo, como já foi explicitado anteriormente, faz-se necessário que se opte por um novo parâmetro para essa formação, é preciso que os docentes compreendam os novos paradigmas que vêm sendo priorizados na sociedade moderna, baseados na construção de uma sociedade mais justa e solidária, na qual todos possam ter voz e vez.

Manica e Caliman (2015, p. 48) afirmam que, de acordo com o que está disposto na Declaração de Salamanca, "a educação inclusiva deve assegurar uma educação de qualidade a todos, por meio de um currículo apropriado, arranjos organizacionais, estratégias de ensino, utilização de recursos e parcerias com as comunidades".

As escolas de capacitação profissional devem se tornar inclusivas, explicitando essa intenção nos seus projetos pedagógicos, metodologias, currículos, materiais de trabalho, bem como na sua forma de proceder à avaliação. Deve-se "procurar flexibilizar o currículo e ampliar as condições de acesso das pessoas com deficiência em seus cursos, especialmente levando em consideração a legislação e as possibilidades legais para capacitar e avaliar pessoas com deficiência" (MANICA & CALIMAN, 2015, p. 59).

O objetivo de se flexibilizar o currículo da educação profissional centra-se em proporcionar para os sujeitos com deficiência uma possibilidade real de capacitação na medida em que essa proposta desloca "o trabalho educacional do ensinar, para o aprender, do que vai ser ensinado, para o que é preciso aprender no mundo contemporâneo e futuro" (BRASIL, 2000, p. 10). Isso equivale a afirmar que todos são capazes de aprender e o trabalho do professor é focar na aprendizagem que, realmente, é essencial para que o estudante se torne um profissional e possa ser inserido no mundo do trabalho. De acordo com o artigo 59 da LDB de 1996, "os sistemas de ensino assegurarão aos educandos com deficiência, transtornos globais do desenvolvimento e altas habilidades ou superdotação[26]: I – currículos, métodos, técnicas, recursos educativos e organização específicos, para atender às suas necessidades" (BRASIL, 1996).

Essa nova proposta, que visa à possibilidade de criação de currículos significativos que atendam às necessidades dos estudantes anteriormente referenciados, supera a visão ultrapassada, característica do século XX que, de acordo com o Parecer CNE/CEB n. 16/1999, era precária e não atendia nem mesmo ao público que não apresentava necessidades específicas de aprendizagem. Conforme esse documento normativo,

---

[26]. Redação dada pela Lei n. 12.796, de 2013.

> [...] até meados da década de 1970, a formação profissional limitava-se ao treinamento para a produção em série e padronizada, com a incorporação maciça de operários semiqualificados, adaptados aos postos de trabalho, desempenhando tarefas simples, rotineiras e previamente especificadas e delimitadas. Apenas uma minoria de trabalhadores precisava contar com competências em níveis de maior complexidade em virtude da rígida separação entre o planejamento e a execução. Havia pouca margem de autonomia para o trabalhador, uma vez que o monopólio do conhecimento técnico e organizacional cabia, quase sempre, apenas aos níveis gerenciais. A baixa escolaridade da massa trabalhadora não era considerada entrave significativo à expansão econômica (BRASIL, 1999).

A partir do período referenciado, tanto as formas de organização das empresas quanto a gestão das mesmas modificaram a estrutura do mundo do trabalho não só para as pessoas com NEE, mas para o público em geral (BRASIL, 1999). O emprego de tecnologias complexas e agregadas à produção e à prestação de serviços estabeleceu um novo cenário econômico e produtivo (BRASIL, 1999). Conforme o Parecer CNE/CEB n. 16/1999,

> [...] a partir da década de 1980, as novas formas de organização e de gestão modificaram estruturalmente o mundo do trabalho. Um novo cenário econômico e produtivo se estabeleceu com o desenvolvimento e emprego de tecnologias complexas agregadas à produção e à prestação de serviços e pela crescente internacionalização das relações econômicas (BRASIL, 1999).

Diante dessa situação, o emprego das Tecnologias da Informação e Comunicação (TIC) no mundo do trabalho vem exigindo trabalhadores mais qualificados para atenderem às demandas então requeridas, pois essas mudanças tecnológicas presentes na sociedade atual vêm provocando transformações constantes, em todos os segmentos sociais, e requerem do professor da educação profissional maior atenção a elas, o que torna seu trabalho ainda mais complexo. Essa demanda leva as escolas a promoverem mudanças nas suas propostas, oferecendo, em seus cursos de formação profissional, uma maior diversificação e modernização de produtos e processos. O Parecer CNE/CEB n. 16/1999 enfatiza ainda que:

> Nas décadas de 1970 e 1980 multiplicaram-se estudos referentes aos impactos das novas tecnologias, que revelaram a exigência de profissionais mais polivalentes, capazes de interagir em situações novas e em constante mutação. Como resposta a esse desafio, escolas e instituições de educação profissional buscaram diversificar programas e cursos profissionais, atendendo novas áreas e elevando os níveis de qualidade da oferta (BRASIL, 1999).

De acordo com Carneiro (2005), até a década de 1980, a inserção das pessoas com deficiência no mercado de trabalho ocorria, de maneira esporádica e, de modo geral, por meio dos centros de reabilitação profissional. Esses centros, que existiam, praticamente, apenas nos estados mais desenvolvidos do país, eram responsáveis pelo processo de inserção dos candidatos nas empresas contratantes, desde a seleção até a colocação nos postos de trabalho, sendo que eles eram acompanhados durante sua jornada, pois não havia uma política nacional de Estado ou de governo sobre formas ideais de inserção (CARNEIRO, 2005).

A partir dessa época, devido ao imperativo normativo, presencia-se uma crescente demanda pelos trabalhadores com deficiência. Esse aumento da demanda, aliado à exigência por trabalhadores cada vez mais qualificados, com níveis de educação mais elevados, faz com que esses sujeitos busquem melhores qualificações, ou seja, "como consequência da demanda dos empresários, por força legal, para empregar trabalhadores com deficiência, cresce a procura desses trabalhadores por cursos de educação profissional" (MANICA & CALIMAN, 2015, p. 64). De acordo com o exposto no Parecer CNE/CEB n. 16/1999, a partir da década de 1980,

> [...] as empresas passaram a exigir trabalhadores cada vez mais qualificados. À destreza manual se agregam novas competências relacionadas com a inovação, a criatividade, o trabalho em equipe e a autonomia na tomada de decisões mediadas por novas tecnologias da informação. A estrutura rígida de ocupações altera-se. Equipamentos e instalações complexas requerem trabalhadores com níveis de educação e qualificação cada vez mais elevados, as mudanças aceleradas no sistema produtivo passam a exigir uma permanente atualização das qualificações e habilitações existentes e a identificação de novos perfis profissionais (BRASIL, 1999).

Assim, para a construção de uma educação profissional inclusiva, que atenda às exigências desse novo mercado e ao público que adentra as instituições escolares, é imperioso rever as propostas pedagógicas dessas instituições, sendo necessário que elas reflitam sobre a necessidade de se pensar essa capacitação na perspectiva da diversidade, pois, mesmo que as pessoas com NEE apresentem limitações, há uma gama enorme de atividades que podem ser desenvolvidas por elas. Por isso, seu foco precisa migrar do *deficit* para o potencial, da incapacidade para as possibilidades, pois, atuando nessa perspectiva, é possível que se atinja a inclusão social dos sujeitos com NEE por meio do trabalho.

De acordo com Carneiro (2005, p. 18), na educação profissional inclusiva o que se constata é a necessidade de "uma intensa reavaliação do planejamento e do foco dos cursos de educação profissional oferecidos", pois, segundo esse autor, existe uma grande dificuldade, por parte das empresas, para contratação de pessoas com deficiência, tendo em vista a inexistência de pessoal qualificado para preenchimento das vagas oferecidas (CARNEIRO, 2005). Tomando por referência o documento publicado pelo MTE, "a contratação de pessoas com deficiência deve ser vista como qualquer outra, eis que se espera do trabalhador nessas condições profissionalismo, dedicação, assiduidade, enfim, atributos ínsitos a qualquer empregado. Não se quer assistencialismo, e sim oportunidades" (BRASIL, 2007, p. 12). Diante disso, Manica e Caliman (2015, p. 78) afirmam que,

> [...] atualmente, a indústria exige muito mais do que um colaborador que repita tarefas, e muitas delas ultrapassam o modelo fordista. A indústria atual que deseja ser inclusiva não conseguirá sê-lo se, antes, o indivíduo com deficiência não for qualificado em uma escola profissional preparada para recebê-lo.

Esses autores seguem afirmando que é nesse contexto que se verifica o verdadeiro papel do docente de escola profissional inclusiva, ou seja, quando ele passa a desenvolver habilidades com os estudantes com NEE, qualificando-os e libertando-os da discriminação. Dessa maneira, eles estarão em condições de igualdade com seus colegas, com capacidade para produzir e serem incluídos no mundo do trabalho, por apresentarem capacidade e competência e não mais por piedade ou por força da legislação. Esse docente prepara os estudantes para irem muito além dos trabalhos repetitivos, tornando-os verdadeiramente produtivos e valorizados na inclusão escolar e na profissional (MANICA & CALIMAN, 2015), ou seja, "essa escola profissional inclusiva deve culminar com uma educação de qualidade, em resposta às demandas empresariais e da sociedade como um todo" (MANICA & CALIMAN, 2015, p. 62).

Importante ressaltar, também, que esse trabalhador que atenderá ao mercado de trabalho atual estará, consequentemente, interagindo com uma sociedade que também está em constante transformação. A sociedade hodierna é caracterizada por Bauman (2001) como "Modernidade líquida", pois, além de promover constantes transformações, as suas estruturas são fluidas, vivenciando-se, então, uma imprevisibilidade que promove mudanças instantâneas e erráticas.

Por isso, é preciso estar atento ao fato de que não é suficiente que essas pessoas sejam preparadas para realizar um trabalho produtivo; é necessário que sejam dadas a elas condições de acessarem campos profissionais que estejam sendo disputados por outros trabalhadores, pois isso as tiraria de uma situação periférica do sistema econômico e das oportunidades de trabalho (CARNEIRO, 2005).

De acordo com esse autor, estar trabalhando e ser produtivo tem importância tanto para as pessoas com deficiência quanto para aqueles sujeitos sem deficiência. Da mesma forma, estar desempregado "produz as mesmas insatisfações, frustrações e formas de infelicidade para qualquer outra pessoa" (CARNEIRO, 2005, p. 39). Contudo, o desemprego relativo às pessoas com deficiência, muitas vezes, carrega o estigma da incompetência, em função do preconceito sobre sua condição específica. Para esse autor, essa condição de desemprego pode, muitas vezes, estar ligada à qualificação inadequada, ou à formação profissional realizada tardiamente, pois

> [...] o atual estágio de desenvolvimento das ciências e das ciências pedagógicas aponta a inteira possibilidade de pessoas com deficiência desenvolverem competências profissionais, aprenderem, com adequação, formas objetivas de realização profissional e, assim, serem produtivas.

Tudo depende de uma adequada avaliação de seu potencial, de suas capacidades e do exercício de funções consentâneas com suas particularidades. Há vários estudos e pesquisas confirmando que essas pessoas se tornam excelentes trabalhadores quando afeiçoadas àquilo que fazem (CARNEIRO, 2005, p. 39-40).

É preciso considerar que esses sujeitos, mesmo sendo pessoas com NEE, são os profissionais exigidos pelo mercado de trabalho no início deste século. E "a laborabilidade ou a trabalhabilidade, entendida como componente da dimensão produtiva da vida social e, portanto, da cidadania, é objetivo primordial da educação profissional" (BRASIL, 2000, p. 9).

Por isso, é fundamental que se reavaliem os planejamentos dos cursos de educação profissional, para que possam dar aos sujeitos com NEE condições de enfrentamento das exigências do mercado de trabalho. Carneiro (2005) evidencia a necessidade de uma reavaliação do planejamento e do foco dos cursos de educação profissional, permitindo a interface com outras áreas, para o atendimento aos estudantes com NEE. Ele recomenda que haja

> [...] uma inteira reavaliação do planejamento e do foco dos cursos de educação profissional oferecidos. Se, de um lado, já existe uma abundante legislação sobre o assunto, de outro, faltam soluções criativas por parte das instituições formadoras, seja no sentido de reverem conceitos, seja no sentido de viabilizarem práticas pedagógicas resultantes de uma articulação positiva e dinâmica que associem, integrem e deixem interpenetrar atendimento clínico, organização institucional e programação diversificada de qualificação para o trabalho (CARNEIRO, 2005, p. 18).

Nessa perspectiva, é fundamental que o professor construa seu trabalho, refletindo sobre a diversidade presente nas salas de aula e na escola, proporcionando experiências que contribuam para o desenvolvimento de todos, ficando atento às necessidades de cada um. Manica e Caliman (2015, p. 180) percebem

> [...] a necessidade de o docente levar em consideração a "bagagem" trazida pelo aluno com deficiência, aquela "bagagem" que este adquiriu em sua trajetória histórica como participante. Esses conhecimentos virão para dentro das salas de aulas e dos laboratórios técnicos e tecnológicos da educação profissional.

Diante disso, no que se refere ao atendimento às pessoas com NEE, nessa modalidade de educação, pode-se inferir que as dificuldades encontradas pelos professores são, ainda, mais significativas, pois a possibilidade da capacitação profissional, muitas vezes desacreditada, exige dos professores muito mais do que costumam oferecer, que não vai além da simples transmissão de conteúdos. Sabe-se que muitos professores não conseguem ir além disso, oferecendo aos estudantes uma precária formação profissional, que vem acarretando não só dificuldades nas suas inserções no mercado de trabalho, como também nas suas permanências nos postos de serviço.

Entre essas dificuldades enfrentadas pelos professores, Gomes e Marins (2004) destacam que tanto a burocracia quanto o controle dos sistemas educacionais restringem a autonomia dos professores e, para elas, "a formação profissional continua distante da realidade a ser enfrentada no exercício da profissão" (GOMES & MARINS, 2004, p. 99). Existem muitos professores que desejam desenvolver seu trabalho levando em consideração as necessidades e especificidades dos estudantes e as suas próprias; além disso, avaliam que os programas devem ser construídos de maneira que desenvolvam, ao máximo, as capacidades de cada um, para que sua inserção no mercado de trabalho possa se dar de maneira eficiente.

No entanto, é raro esses professores conseguirem apoio das instituições educacionais, pois, quase sempre, o aspecto burocrático se sobrepõe à dimensão pedagógica. Para Gomes e Marins (2004, p. 99), esses professores estão "inseridos em organizações escolares rígidas e resistentes às mudanças, porque refletem em suas estruturas seu papel social e político, seja pelo que se espera da escola, seja por sua função de reprodução do sistema". Diante das dificuldades enfrentadas, na maioria das vezes, os professores cedem à burocracia, sendo vencidos por elas, e se frustram diante das dificuldades apresentadas pelos estudantes.

Rehem (2009) realizou um estudo que objetivou promover a "identificação de um perfil profissional de professor do ensino técnico-profissional que corresponda às necessidades da formação dos técnicos, considerando o contexto produtivo e social da contemporaneidade" (REHEM, 2009, p. 19). O que se pode inferir a esse respeito é que, nesse novo perfil, é fundamental se considerar que esse profissional, além de todas as situações consideradas pela autora, precisa ser formado, também, na perspectiva da educação inclusiva e que tenha como meta o trabalho com a diversidade. Deve-se, também, requerer a formação em serviço do professor que irá atuar com os estudantes com NEE, pois muitos docentes não tiveram oportunidade de receber nas suas formações acadêmicas conhecimentos a esse respeito.

Na pesquisa realizada por Rehem (2009, p. 90) foi possível identificar um perfil que foi denominado "perfil contemporâneo do professor de educação técnica brasileira". Para descrever esse perfil, a autora elencou várias competências[27]: competências identificadas com a mediação da aprendizagem; competências ligadas a disciplinas ensinadas; competências exigidas em relação à socie-

---

27. Para acesso ao resultado completo dessa pesquisa, cf. Rehem (2009, p. 90-93).

dade, aos processos produtivos e ao mercado de trabalho; competências relacionadas com o papel social da escola de educação profissional inserida numa sociedade democrática; competências inerentes à pessoa do professor. Para cada uma dessas competências, foi elaborada uma lista de capacidades que deveria compor o perfil do professor da educação profissional, num total de trinta. No entanto, apenas uma se referia ao trabalho com a diversidade, ou seja, a nona capacidade, que dispõe: "administrar a diversidade existente entre os alunos e fornecer apoio integrado aos portadores de grandes dificuldades" (REHEM, 2009, p. 91).

Pode-se ter uma visão otimista ao analisar que esses sujeitos já participam da preocupação daqueles que trabalham no campo da educação profissional. No entanto, não se deve acomodar pensando que apenas uma capacidade, de um total de trinta, é suficiente para se mudar uma prática, ou seja, há muito o que se considerar sobre a presença de pessoas com deficiência em cursos técnico-profissionalizantes; por isso, é necessário promover a execução de ações efetivas para assegurar a educação inclusiva.

Ao se referir aos professores, que formam profissionais com deficiência para atuação na vida produtiva, Manica e Caliman (2014, p. 55) acrescentam algumas características que devem estar presentes nesses educadores:

> [...] o docente da educação profissional, que possui alunos com deficiência, precisa ter algumas características, habilidades e competências, como as que se seguem: paciência, crença nas potencialidades do aluno, metodologia diferenciada, qualificação profissional na área, aprendizagem mediada, avaliação diferenciada, diálogo, superação do preconceito, ousadia, humildade, práticas relacionadas com a cidadania, trabalho socioeducativo e transmissão de valores.

Manica e Caliman (2015) afirmam que, na perspectiva da educação profissional inclusiva, o docente deverá buscar, por meio da prática, ultrapassar os limites que, muitas vezes, são estabelecidos pelas escolas em geral, que, em síntese, desacreditam as capacidades e as habilidades dos estudantes com deficiência. Os professores precisam usar novas lentes, apurando seus olhares, para estarem em consonância com a diversidade dos estudantes que, muitas vezes, são rotulados como "diferentes", mas não podem, jamais, ser rotulados como "ineficientes".

Silva (2006) considera que os estudantes vêm fazendo movimentos favoráveis à sua inclusão nos âmbitos social e educacional e, geralmente, eles se esforçam, buscando caminhos para atender o que lhes é solicitado pelos professores. Por isso, torna-se também necessário que os professores percebam as diferenças existentes entre os estudantes como algo inerente aos seres humanos. Assim, considera-se que os saberes são construídos de maneira subjetiva, em face do que cada estudante precisa ser visto no âmbito da sua singularidade; em síntese, a sala de aula deve contemplar as diferenças e sua heterogeneidade. Dessa maneira, os professores podem assegurar o processo de aprendizagem de todos os estudantes. Silva (2006, p. 429) afirma:

> [...] percebe-se que esses alunos tentam adaptar-se, acessando o potencial de que dispõem dentro de suas possibilidades num ambiente misturado e rico para interações, mas que, por si só, sem a atenção sobre suas necessidades especiais, não possibilita experiências de formação e não aproveita as possibilidades, deixando-os limitados a uma participação precária no que se refere à socialização e à aprendizagem.

8 A EDUCAÇÃO PROFISSIONAL INCLUSIVA E O NOVO MERCADO DE TRABALHO

A sociedade brasileira, neste momento histórico, segundo Rehem (2009), exige que os profissionais exerçam novos papéis e tenham novas capacidades para atuar "com efetividade na inteligência dos processos sociais e produtivos" (REHEM, 2009, p. 20). Essas características, conforme Kuenzer (1998, p. 120), podem, assim, ser definidas:

> [...] capacidade de comunicar-se adequadamente, por meio do domínio dos códigos de linguagem, incorporando, além da língua portuguesa, a língua estrangeira e as novas formas trazidas pela semiótica. A autonomia intelectual para resolver problemas práticos utilizando conhecimento científico, buscando aperfeiçoar-se continuamente; a autonomia moral, por meio da capacidade de enfrentar as novas situações que exigem posicionamento ético; finalmente, a capacidade de comprometer-se com o trabalho, entendido em sua forma mais ampla de construção do homem e de sociedade, por meio da responsabilidade da crítica, da criatividade.

Para Rehem (2009), no passado, essas exigências não eram tão intensas como na atualidade, o que faz com que "o professor, como profissional, não escape a elas. E esses requerimentos ficam mais evidentes quando se trata do professor que forma, diretamente, profissionais para atuação na vida produtiva" (REHEM, 2009, p. 20), em um mercado de trabalho que se torna cada vez mais exigente e competitivo.

Nesse contexto, é fundamental que se tenha claro de que forma a escola de formação técnico-profissional pode trabalhar com estudantes com NEE, para que eles adquiram uma capacitação que promova o desenvolvimento das habilidades necessárias para o exercício profissional; deve-se questionar instituições que não qualificam os estudantes com NEE para enfrentarem o desafio de competirem no mercado de trabalho. O professor, para todos os estudantes e para aqueles com NEE, deve ser "um profissional facilitador do processo de ensino-aprendizagem, que garanta as possibilidades de interação, de relação e de troca de ideias e ideais" (GOMES & MARINS, 2004, p. 101).

Para isso, torna-se fundamental que se conheçam as propostas oferecidas pela educação profissional, para que se possa definir como esses sujeitos com NEE tenham acesso a essa modalidade de educação, obtendo bons resultados na aprendizagem, objetivando tanto sua inserção no setor laboral quanto no societário. De acordo com Santos (2010, p. 66-67), "o novo panorama mundial requer uma educação profissional diferenciada e, consequentemente, do professor desse tipo de educação são exigidos determinados perfis e habilidades que lhe confiram as competências para atuar com os seus alunos".

Esses perfis e habilidades aos quais o autor se refere devem estar ligados aos interesses e às competências dos estudantes sob sua responsabilidade. Assim, se obterá mais sucesso na aprendizagem desses sujeitos, do que se insistir no cumprimento de programas, sem considerar o que se faz necessário para que esses estudantes se tornem trabalhadores produtivos.

Diante das exigências do mercado explicitadas anteriormente, é importante que se indague quem será esse docente que tem como objetivo formar esse profissional, requerido pela citada "Modernidade fluida", levando-se em consideração, as especificidades de cada um dos sujeitos que estão sendo formados.

Nessa perspectiva, deve ser um profissional com características que o diferenciam da formação tradicional que se preocupava, apenas, com a memorização de conteúdos e processos, sem levar em consideração as exigências atuais (REHEM, 2009). Essa autora afirma que é necessário que esse profissional tenha uma formação muito diferente da tradicional, pois os conteúdos memorizados "respondiam às necessidades da regularidade do trabalho. Nesses cenários defasados no tempo, faz-se necessária a atuação dos professores-formadores desses profissionais que o século XXI exige, cujo perfil deve atender aos novos requisitos" (REHEM, 2009, p. 21).

Assim, é importante reforçar que, para que as escolas profissionalizantes contemplem formas diferenciadas de trabalho requeridas neste século, são necessárias mudanças na forma de pensar os objetivos fundamentais voltados para essa modalidade educacional. É preciso que sejam reformuladas as propostas, então priorizadas, sem perder de vista o foco na capacitação de técnicos competentes para o mundo do trabalho. Tomando-se por base os *Referenciais curriculares nacionais da educação profissional de nível técnico*, o foco atual da educação profissional tanto se transfere dos conteúdos para as competências quanto se dispõe sobre um novo público. E, nessa perspectiva, constatam-se maiores possibilidades de sucesso. Conforme esse documento,

> [...] a educação profissional está concebida sob um paradigma pedagógico que, embora novo do ponto de vista da sua incorporação oficial, já há algum tempo frequenta e inspira muitos discursos e estudos, sem estar, ainda,

presente de forma significativa na real prática educacional. De acordo com esse paradigma e como resposta ao novo perfil que a laborabilidade ou a trabalhabilidade vem assumindo, o foco central da educação profissional transfere-se dos conteúdos para as competências (BRASIL, 2000, p. 9).

Corroborando essas afirmações, Gomes e Marins (2004) consideram que, na atualidade, é necessário que o professor compreenda as novas realidades e prepare os jovens, ensinando de forma diferente, em consonância com as mudanças ocorridas no campo educacional. Assim, essas mudanças que vêm ocorrendo no campo educacional devem se refletir na sociedade, uma vez que esses jovens precisam ser capacitados para a construção de um mundo mais justo e solidário, no qual haja espaço para todos, considerando as capacidades e diferenças de cada um. Nos *Referenciais curriculares nacionais da educação profissional de nível técnico*, afirma-se que

> [...] as metodologias centradas no ensino transmissivo, elucidativo, explicativo e ilustrativo de conteúdos, mesmo recorrendo a técnicas e recursos de enriquecimento, concretização, experimentação e motivação, servem ao paradigma tradicional de acumulação de conhecimentos (BRASIL, 2000, p. 31).

Nessa perspectiva, Viégas (2003) critica as formas ultrapassadas, por meio das quais os professores exercem o magistério, ou seja, dando ênfase ao cumprimento de programas, ao respeito à carga horária e à manutenção da disciplina. Para ela, essas formas não satisfazem às exigências da escola na Modernidade, que necessita estar em sintonia com um novo padrão de sociedade que "tem na liberdade e na autonomia das pessoas o princípio de seu funcionamento. Cada professor deverá tentar trabalhar a partir da representação dos alunos" (VIÉGAS, 2003, p. 33), pois, somente assim, ele poderá contemplar todos os sujeitos, em consonância ao princípio da equidade, dando a cada um aquilo de que ele mais necessita, para seu desenvolvimento social e escolar.

Segundo Rehem (2009), o Ministério da Educação (MEC) implementou várias mudanças estruturais e pedagógicas nos cursos técnicos no país, no período compreendido entre os anos de 1998 e 2003. Essas mudanças ocorreram, tendo em vista as transformações ocorridas no trabalho, na economia, no emprego e nas tecnologias, e atingiram todos os cidadãos brasileiros, incluindo aqueles com NEE, em idade condizente ao trabalho.

Nessa perspectiva, Carneiro (2005, p. 47) refere-se a uma agenda de trabalho proposta pelo MEC, em 2004, que objetivava "reforçar os alicerces das políticas de educação profissional dos diferentes sistemas de ensino". O que se buscou com essa agenda foi, sobretudo, esclarecer as responsabilidades no que diz respeito à concepção e tipologia de programas que resultou em dois tipos de formulários voltados para a área de objetivos e para a área de ações concretas, respectivamente. O que estava voltado para a área de ações concretas recebeu o título de "Pacto pela educação profissional", que teve a seguinte propositura:

- Construção de um novo ordenamento legal.
- Valorização das redes públicas estaduais e federais.
- Modernização e expansão da infraestrutura.
- Criação do Subsistema Nacional de Educação Profissional.
- Estabelecimento de parceria público-privada (CARNEIRO, 2005, p. 48).

Por sua vez, a Lei n. 8.213, de 1991, também conhecida como Lei de Cotas[28], dispôs que as empresas com mais de cem emprega-

---

28. É importante considerar que a Lei n. 8.231, de 1991, dispõe sobre os planos de benefícios da previdência social e dá outras providências e, no seu artigo 93, faz

dos são obrigadas a preencher parte de seu quadro de funcionários com pessoas com deficiência (BRASIL, 1991). Pode-se perceber que as implementações propostas pelo MEC para os cursos técnicos em 2004 poderiam ter previsto a formação profissional desses sujeitos, uma vez que a Lei de Cotas tem como objetivo "abrir o mercado de trabalho para um segmento que não consegue competir em igualdade de condições com as demais pessoas" (BRASIL, 2007, p. 27).

Levando-se em consideração essas mudanças promovidas pelo MEC, Rehem (2009) afirma que elas tiveram como um dos fundamentos a formação de professores para a modalidade de educação profissional, tendo em vista que a capacitação então existente não atendia aos requisitos exigidos pela situação em que se encontrava o Brasil, naquela época. Para essa autora, eram raros os cursos que formavam professores nessa área; os cursos que existiam tinham uma proposta tradicional, sendo que muitos professores que atuavam nessa modalidade educacional eram improvisados para exercerem essa função, além da carência de estudos que indicassem o perfil necessário, do profissional, para atender às novas exigências (REHEM, 2009).

A esse respeito, Gomes e Marins (2004) consideram que, na formação dos professores, o aporte teórico centrava-se somente no domínio do conteúdo a ser ensinado. No entanto, passou, gradativamente, a "conceber importância aos domínios teórico e prático dos processos de ensino e aprendizagem, visando a uma formação realmente profissional" (GOMES & MARINS, 2004, p. 98), embora se perceba que, nem sempre, essa propositura tem sido contemplada. Manica e Caliman (2015, p. 90) afirmam que

---

referência às cotas obrigatórias, para contratação de pessoas com deficiência, por empresa com mais de cem funcionários.

> [...] a educação que almejamos para os cidadãos brasileiros não é unicamente aquela educação de conteúdo – que é importante também –, mas a implantação de uma educação em sentido amplo, que forme o participante como um todo; em seus direitos e deveres, levando-o a perceber seu papel na sociedade, no aprendizado do respeito ao outro e ao convívio com a diversidade.

Ainda sobre o comportamento do professor que trabalha com estudantes com deficiência, Manica e Caliman (2014, p. 61) afirmam que ele "deve saber o limite entre o que pode e o que deve fazer, para que as possibilidades de crescimento educacional do aluno sejam geradas de forma que não estimule a superproteção, ou até mesmo tutelar esse aluno com deficiência". Para isso é preciso que se conheça o estudante, pois, mais do que saber sobre a deficiência de cada um, é importante conhecer como essa deficiência se manifesta individualmente nas pessoas.

Assim, objetiva-se que esse professor possa formar um profissional que contribua com seu trabalho para beneficiar a sociedade na qual está inserido e se desenvolver como cidadão. Na opinião de Gomes e Marins (2004, p. 107), "o papel do professor passa a ser o de semeador de desejos, levando os alunos à construção de projetos pessoais articulados aos projetos da coletividade na qual se inserem, exercendo efetivamente sua competência". Duek (2014, p. 57) acrescenta que "o professor deve possibilitar que esses jovens reflitam sobre sua realidade, façam perguntas, busquem respostas e proponham alternativas de ação", isso significa que propor uma aprendizagem ao estudante com NEE que o faça refletir e "pensar" sobre sua identidade, considerando seus "saberes", suas "bagagens", não é algo rotineiro nas salas de aulas, pois exige o "querer" pedagógico desse docente, comprometido com a diversidade (MANICA & CALIMAN, 2015).

Considera-se que a heterogeneidade sempre existiu na sociedade; mas, no âmbito da escola, ao longo dos tempos, foi sendo negada devido às dificuldades em se lidar com suas especificidades. Assim, essa situação acarretou o fracasso escolar, traduzido na evasão, na reprovação e, consequentemente, nas frustrações naqueles que não conseguiam chegar nos patamares mais altos do processo de escolarização. De acordo com Manica e Caliman (2015, p. 81),

> [...] educar para o mundo do trabalho atual é conseguir valorizar os aspectos pessoais centrando no potencial e não na deficiência e, especialmente, entender que o participante da educação profissional inclusiva terá a oportunidade de ir para o mercado de trabalho que também é inclusivo[29] e que, normalmente, não possui repartições identificadas pela deficiência e, sim, pela competência individual.

As novas formas de pensar, comunicar e aprender estão, principalmente, ligadas à diversidade encontrada nas salas de aulas, à proposta de educação para todos e ao trabalho com a heterogeneidade, que são os imperativos suscitados na atualidade. De acordo com Viégas (2003, p. 28), "da parte da escola, é fundamental abandonar a visão superficial do 'especial', para mergulhar em uma epistemologia do 'especial', ancorada no reconhecimento da heterogeneidade do 'especial' com sua diversidade de: necessidades, limitações e projetos".

O professor, de forma mais competente, se torna, então, a figura-chave nesse processo de assegurar a inclusão, transformando sua sala de aula em um local de valorização das diferenças e de

---

29. Pode-se definir "mercado de trabalho inclusivo" tomando por base o que está estabelecido no artigo 37 da Lei n. 13.146 (LBI): "Constitui modo de inclusão da pessoa com deficiência no trabalho a colocação competitiva, em igualdade de oportunidades com as demais pessoas, nos termos da legislação trabalhista e previdenciária, na qual devem ser atendidas as regras de acessibilidade, o fornecimento de recursos de tecnologia assistiva e a adaptação razoável no ambiente de trabalho" (BRASIL, 2015).

formação de sujeitos, para enfrentar as adversidades que poderão encontrar no mundo do trabalho e na formação para a cidadania. Para Silva (2015, p. 100), deve-se ressaltar

> [...] a importância do papel político-pedagógico do(a) professor(a) no desenvolvimento da ação docente e da necessidade do seu posicionamento frente às injustiças sociais, preconceitos, discriminações e violações de direitos, ainda presentes na sociedade brasileira, fruto de uma cultura com raízes escravocrata, colonialista, patrimonialista e do não reconhecimento do outro como sujeito de direito.

Silva (2015) enfatiza a necessidade de o professor trabalhar na perspectiva da educação inclusiva, contemplando situações que vão além da sala de aula, pois, nesse processo de ensino e aprendizagem, é preciso que se deem condições efetivas de trabalho a esse docente. Para isso, o projeto institucional, os ambientes educativos e os materiais pedagógicos devem ser compatíveis com as necessidades e capacidades dos estudantes, além de se possibilitar qualidade efetiva ao desempenho tanto dos docentes quanto dos estudantes.

Dessa forma, é preciso compreender que o trabalho docente não se consubstancia na transmissão de conteúdos; ele é, antes de tudo, um ato político que, além da informação, deve viabilizar nos estudantes uma formação voltada para a cidadania. As ações realizadas pelo docente, na sala de aula, também devem objetivar a ampliação da visão de mundo dos estudantes que, a partir dos conhecimentos adquiridos e da forma como o professor conduz todo o processo educacional, poderão transformar a sociedade na qual está inserido, bem como sua própria postura frente à inclusão. É preciso, portanto, a compreensão de que

> [...] a arte de educar não é um ato ingênuo, mas sim uma ação intencional, com objetivos políticos, econômicos e sociais. Possibilita ao indivíduo transformar sua realidade

e, consequentemente, o mundo em que vive. Nesse sentido, uma educação emancipadora, participativa, democrática e de boa qualidade tende a instrumentar o aprendiz para ampliar a sua visão de mundo, de forma crítica, enriquecida e contextualizada, além de reforçar a responsabilidade social e ambiental que ele deve ter (SANTOS, 2010, p. 72-73).

Para procederem a essa nova forma de trabalho com os estudantes com deficiência, os professores devem procurar conhecer esses sujeitos, saber de suas dificuldades e, principalmente, de suas potencialidades e desejos. A partir daí, juntamente com os estudantes, construir melhores formas para se promoverem aprendizagens significativas. Manica e Caliman (2015, p. 76) acreditam que "o docente da escola profissional inclusiva necessita saber aproveitar as contribuições de seu aluno com deficiência e retirar das teorias e/ou abordagens o que for de melhor para o processo de ensino-aprendizagem". Somente dessa forma ele passará a "enxergar seu aluno em totalidade e concretude e a escola como meio de desenvolvimento" (MANICA & CALIMAN, 2015, p. 76).

Considerando esse modo de conceber a aprendizagem, o professor precisa trabalhar com o currículo em seu real significado, ou seja, o currículo deixa de ser entendido como um conjunto de conteúdos disciplinares, passando a ser visto como um caminho de aprendizagem, preconcebido pelo professor, respeitando as características do estudante, devendo ser percorrido, conjuntamente, pelo professor e pelo estudante. De acordo com os *Referenciais curriculares nacionais da educação profissional de nível técnico*, existe um novo paradigma para a educação brasileira, no qual

> [...] o currículo, tradicionalmente entendido como uma grade disciplinar preestabelecida, obrigatoriamente reproduzida pelas escolas, passa a ser um conjunto de si-

tuações-meio, organizado de acordo com uma concepção criativa local e particular, voltado para a geração de competências, estas sim estabelecidas, para cada área profissional (BRASIL, 2000, p. 7).

Pode-se afirmar que essa é uma proposta de vanguarda, pois reconhece, em cada sujeito, a sua capacidade de aprendizagem e, diante dessa realidade, o professor decide o que será preciso abordar no conteúdo que ministra para que o estudante tenha o conhecimento necessário para sua formação. Além disso, o docente deve decidir, também, sobre a forma como os conteúdos deverão ser transmitidos para que todos os estudantes, inclusive aqueles com deficiência, possam ter condições de serem inseridos nos mundos societário e produtivo. A esse respeito, Víegas (2003, p. 19) considera que, devido ao

> [...] deslocamento do foco da ação educativa do ensinar para o aprender, os currículos dos cursos de educação profissional deixam de estar centrados em conteúdos e, em decorrência, afastam-se da ideia de organização em grades curriculares. A ênfase transfere-se para a aquisição e o exercício de competências, estas articuladoras de conhecimentos. Nessa perspectiva, os métodos e as técnicas de ensino/aprendizagem são essenciais para o desenvolvimento de um itinerário formativo, interligado permanentemente com os contextos polimodais do mundo do trabalho.

Diante dessa nova realidade, os *Referenciais curriculares nacionais para a educação profissional de nível técnico* dispõem que optar pela metodologia a ser utilizada é uma questão essencial para a eficiência do trabalho docente. O professor, ao construir seu plano de ensino, deve explicitar as metodologias que possam contribuir para a efetivação dessa nova maneira de conceber a formação profissional. De acordo com esse documento,

> [...] no paradigma de construção de competência, centrado na aprendizagem, a metodologia não é artifício, mas questão essencial, identificando-se com as ações ou o processo de trabalho do sujeito que aprende, processo este desencadeado por desafios, problemas e/ou projetos propostos pelo professor e por este monitorado, orientado e assessorado (BRASIL, 2000, p. 31).

Nessa direção, o professor está promovendo uma ligação entre aquilo que pretende ensinar com o que seus estudantes em geral, e aqueles com NEE, em particular, precisam aprender e, principalmente, de que maneira podem e conseguem aprender para que se tornem trabalhadores produtivos. Para Manica e Caliman (2015, p. 75), "o melhor parâmetro para avaliar a eficácia da ação docente é analisar seus efeitos em função dos objetivos que esse docente propõe alcançar". Assim,

> [...] no paradigma que ora se implanta, a questão metodológica, tida como secundária no modelo conteudista, assume papel relevante, exigindo atenção prioritária no planejamento do currículo, representado este por um conjunto contextualizado de situações-meio, voltado para a geração de competências requeridas pelo processo produtivo de uma ou mais áreas profissionais (BRASIL, 2000, p. 32).

A esse respeito, no que tange ao papel do professor no processo de ensino e aprendizagem de estudantes com NEE, Manica e Caliman (2014, p. 59) afirmam que "o ato de aprender do aluno envolve a sua íntima relação com as atitudes do professor [...] o professor deve estar bem resolvido sobre o querer da sua prática pedagógica, ou seja, querer ser professor não o faz poder escolher o tipo de aluno". Esses autores acrescentam que, "quando a relação professor/aluno com deficiência é ruim, esta pode trazer efeitos negativos para a aprendizagem de qualquer aluno, especialmente de um aluno com deficiência" (MANICA & CALIMAN, 2015, p. 73). É preciso, então, que o professor goste do que faz e reconheça que sempre precisa estar aberto a mudanças (MANICA & CALIMAN, 2015, p. 74-75).

Acresce-se, ainda, que o professor precisa se colocar no lugar do estudante para compreender as dificuldades que ele enfrenta diante de novos conhecimentos, ou seja, "uma prática pedagógica a partir da concepção dos alunos deve estar na centralidade da formação do professor" (VIÉGAS, 2003, p. 33). Essa prática deve ser assumida pelos professores de qualquer nível ou modalidade de educação. Especificamente no caso da educação profissional para estudantes com NEE, os professores devem assumir particularidades, que consistem

> [...] em não supervalorizar a totalidade do processo, mas em criar mecanismos de favorecimento de progressão das aprendizagens por ciclos de estudos, unidades de aprendizagem e sucesso de tarefas, no âmbito dos três níveis legais dos cursos de educação profissional: curso de nível básico, de nível técnico e de nível tecnológico (VIÉGAS, 2003, p. 33).

No estudo realizado por Rehem (2009), ela propõe duas perguntas que nortearam seu trabalho e podem subsidiar ações para a formação de professores para a atualidade: "Qual a realidade e quais as tendências contemporâneas do trabalho e dos trabalhadores? E que perfil profissional se configura para o novo técnico?" (REHEM, 2009, p. 25).

Diante disso, ela enfatiza que seu estudo se inscreve em um duplo contexto, os quais podem ser assim definidos:

> • o de uma sociedade onde a produção se reorganiza sob o signo de novas tecnologias, que mudam em ritmo ace-

lerado, determinando exigências novas aos trabalhadores atualizados: profissionais capazes de inovar, adquirir e construir conhecimentos, empreender seu serviço, tomar iniciativa, agir com autonomia, resolver problemas inusitados, prever problemas e antecipar soluções, atuar com capacidade crítica, raciocínio rápido, boa comunicação e sociabilidade, além de, naturalmente, deter o domínio técnico dos conhecimentos em seu campo de trabalho;

- e aquele onde a educação profissional transita entre a oferta de formação tradicional e a formação que desenvolve talentos para atuar com criticidade na sociedade atual, sinalizando para a necessidade de professores inovadores, capazes de conduzir a formação desses novos profissionais (REHEM, 2009, p. 20).

Assim, quando o docente se preocupa com a formação integral do estudante com deficiência e com sua capacitação para o mundo do trabalho, ele se torna responsável pela construção de uma educação mais justa e igualitária, na qual os estudantes têm oportunidade de crescer, aprender e analisar, discutir, ousar e pensar diferente (MANICA & CALIMAN, 2015).

Percebe-se, diante do exposto, que o professor da educação técnica profissional não está adequadamente capacitado para desenvolver um efetivo trabalho de formação com os estudantes sem NEE e, no que se refere àqueles estudantes que possuem dificuldades inerentes às condições de deficiência, essa inadequação fica ainda mais latente. É comum ouvir de profissionais da educação básica de ensino e do ensino superior que não se consideram capacitados para desenvolver uma proposta pedagógica condizente com as necessidades dos estudantes com NEE e, segundo Gomes e Marins (2004, p. 108), "a qualidade do processo de ensino-aprendizagem preconizada para os professores dos níveis regulares da educação é fundamental também para o docente do curso técnico de educação profissional". No entanto, considerando essa modalidade de ensino, parece que o problema se agrava, pois, de acordo com o documento do MEC,

> [...] a grande maioria dos projetos que preconizam a qualificação da pessoa portadora de deficiência não logra resultados exitosos por estar distanciada das necessidades do mercado de trabalho, bem como dos novos processos de transformação do sistema produtivo (BRASIL, 1996, p. 61, apud CARNEIRO, 2005, p. 25).

É evidente que, na educação profissional, a formação técnica do estudante é de suma importância, pois, para Rehem (2009, p. 100), é fundamental que o sujeito capacitado para exercer o papel de técnico de nível médio precisa "saber fazer, com técnica, o processo produtivo para o qual se especializa, saiba explicar seus fundamentos e propor alternativas criativas para esse fazer", mas essa não pode ser a única preocupação do professor, que não deve ser apenas aquele que transmite os conhecimentos técnicos, pois o estudante é muito mais do que ser somente um profissional. É necessário que se construa "outro tipo de pedagogia, além de políticas educacionais vigorosas para sua consecução" (REHEM, 2009, p. 29).

Diante do exposto, percebe-se que, no que se refere à educação profissional, existe uma grande responsabilidade por parte dos professores dessa modalidade de educação em oferecer uma capacitação que possibilite aos sujeitos com NEE plenas condições de trabalho e de inserção social. Para Manica e Caliman (2015, p. 61),

> [...] permanece um desafio para a construção de uma nova escola, mais fraterna, mais democrática no interior das escolas que temos, as quais retratam a velha e antiga escola, e talvez uma escola profissional que eduque para o mercado de trabalho dentro da realidade possível e da inclusão desejada.

De acordo com Ribas (2000, p. 36), os professores da educação profissional devem formar sujeitos que se tornem capazes de construir/reconstruir o saber, aptos para obter informações e interpretá-las adequadamente, sendo ativos, críticos e reflexivos, capazes de construir suas próprias histórias, definindo seus destinos, neles atuando e transformando-os. Sobre essa questão, Garcia (2013, p. 116) faz o seguinte questionamento: "É possível propor uma educação especial democrática que fuja das armadilhas de uma perspectiva inclusiva que abre mão da aprendizagem dos alunos, que os generaliza e massifica na forma de propor os serviços e que assume a superficialidade como marca da formação docente?"

Segundo Viégas (2003), no que se refere às pessoas com NEE, ainda há um longo caminho para ser percorrido, pois vem carecendo de sensibilidade por parte do coletivo da escola, para que esses sujeitos sejam devidamente acolhidos nos ambientes escolares,

> [...] no caso das pessoas com necessidades educacionais especiais, a realidade mostra que as escolas, independentemente da esfera administrativa em que se situam (públicas: federais, estaduais e municipais; ou privadas) revelam pouca sensibilidade para acolher esse aluno, embora, no discurso pedagógico e gerencial, afirme-se o contrário (VIÉGAS, 2003, p. 23).

Espera-se que o Plano Nacional de Educação, ao determinar diretrizes, metas e estratégias para a política educacional no período de 2014 a 2024, cumpra com as metas 10[30] e 11[31] (BRASIL, 2014). É preciso, também, perceber que grande parte das estratégias, tanto da Meta 10 quanto da 11, que deverão ser construídas

---

[30]. Oferecer, no mínimo, 25% das matrículas de educação de jovens e adultos, nos ensinos Fundamental e Médio, na forma integrada à educação profissional.
[31]. Triplicar as matrículas da educação profissional técnica de nível médio, assegurando a qualidade da oferta e pelo menos 50% da expansão no segmento público.

para o atingimento das referidas metas, estão direta ou indiretamente relacionadas ao trabalho que deve ser dispensado às pessoas com NEE, para proporcionar melhor acesso e permanência desses sujeitos na modalidade educacional em questão[32].

---

32. [...] **10.1** Manter programa nacional de educação de jovens e adultos voltado à conclusão do Ensino Fundamental e à formação profissional inicial, de forma a estimular a conclusão da educação básica. **10.2** Expandir as matrículas na educação de jovens e adultos, de modo a articular a formação inicial e continuada de trabalhadores com a educação profissional, objetivando a elevação do nível de escolaridade do trabalhador e da trabalhadora. [...] **10.4** Ampliar as oportunidades profissionais dos jovens e adultos com deficiência e baixo nível de escolaridade por meio do acesso à educação de jovens e adultos articulada à educação profissional. **10.5** Implantar programa nacional de reestruturação e aquisição de equipamentos voltados à expansão e à melhoria da rede física de escolas públicas que atuam na educação de jovens e adultos integrada à educação profissional, garantindo acessibilidade à pessoa com deficiência. **10.6** Estimular a diversificação curricular da educação de jovens e adultos, articulando a formação básica e a preparação para o mundo do trabalho e estabelecendo inter-relações entre teoria e prática, nos eixos da ciência, do trabalho, da tecnologia e da cultura e cidadania, de forma a organizar o tempo e o espaço pedagógicos adequados às características desses alunos e alunas. **10.7** Fomentar a produção de material didático, o desenvolvimento de currículos e metodologias específicas, os instrumentos de avaliação, o acesso a equipamentos e laboratórios e a formação continuada de docentes das redes públicas que atuam na educação de jovens e adultos articulada à educação profissional. **10.8** Fomentar a oferta pública de formação inicial e continuada para trabalhadores e trabalhadoras articulada à educação de jovens e adultos, em regime de colaboração e com apoio de entidades privadas de formação profissional vinculadas ao sistema sindical e de entidades sem fins lucrativos de atendimento à pessoa com deficiência, com atuação exclusiva na modalidade. **10.9** Institucionalizar programa nacional de assistência ao estudante, compreendendo ações de assistência social, financeira e de apoio psicopedagógico que contribuam para garantir o acesso, a permanência, a aprendizagem e a conclusão com êxito da educação de jovens e adultos articulada à educação profissional. [...] **11.6** Ampliar a oferta de matrículas gratuitas de educação profissional técnica de nível médio pelas entidades privadas de formação profissional vinculadas ao sistema sindical e entidades sem fins lucrativos de atendimento à pessoa com deficiência, com atuação exclusiva na modalidade. [...] **11.10** Expandir a oferta de educação profissional técnica de nível médio para as pessoas com deficiência, transtornos globais do desenvolvimento e altas habilidades ou superdotação.

REFERÊNCIAS

ALVES, F.F.P. "A educação de estudantes com deficiência: concepções e práticas". In: ALVES, F.F.P. (org.). *O que as escolas precisam saber sobre as diferenças?* – Reflexões sobre a inclusão de estudantes com deficiência. Belo Horizonte: Crivo Editorial, 2018.

BAUMAN, Z. *Modernidade líquida*. Rio de Janeiro: Zahar, 2001.

Benjamin Constant e o "Imperial Instituto dos Meninos Cegos": um legado de cidadania e dedicação a uma causa. Rio de Janeiro, s.d. [Disponível em http://museubenjaminconstant.blogspot.com/2013/05/benjamin-constant-e-o-imperial.html – Acesso em 12/06/2019].

BEYER, H.O. "O projeto político-pedagógico da educação inclusiva e a gestão educacional: reflexões com a área de educação especial da Secretaria de Educação do Estado do Rio Grande do Sul". In: FREITAS, S.N. (org.). *Tendências contemporâneas de inclusão*. Santa Maria: Ed. UFSM, 2008.

BRASIL. "Lei n. 13.146, de 6 de julho de 2015 – Institui a Lei Brasileira de Inclusão da Pessoa com Deficiência (Estatuto da Pessoa com Deficiência)". In: *Diário Oficial da União*, 07/07/2015 [Disponível em http://www.planalto.gov.br/ccivil_03/_Ato2015-2018/2015/Lei/L13146.htm – Acesso em 12/10/2018].

_____. "Lei n. 13.005, de 25 de junho de 2014 – Aprova o Plano Nacional de Educação e dá outras providências". In: *Diário*

Oficial da União, 26/06/2014 [Disponível em http://pne.mec.gov.br/18-planos-subnacionais-de-educacao/543-plano-nacional-de-educacao-lei-n-13-005-2014 – Acesso em 20/11/2018].

_____. "Lei n. 12.796, de 4 de abril de 2013 – Altera a Lei n. 9.394, de 20 de dezembro de 1996, que estabelece as diretrizes e bases da educação nacional, para dispor sobre a formação dos profissionais da educação e dar outras providências". In: *Diário Oficial da União,* 05/04/2013 [Disponível em http://www.planalto.gov.br/ccivil_03/_Ato2011-2014/2013/Lei/L12796.htm – Acesso em 20/11/2018].

_____. *Política nacional de educação especial na perspectiva da educação inclusiva.* Brasília, 2008 [Disponível em http://portal.mec.gov.br/index.php?option=com_docman&view=download&alias=16690-politica-nacional-de-educacao-especial-na-perspectiva-da-educacao-inclusiva-05122014&Itemid=30192 – Acesso em 17/08/2018].

_____. *A inclusão de pessoas com deficiência no mercado de trabalho.* 2. ed. Brasília: MTE/SIT, 2007.

_____. "Decreto n. 5.154, de 23 de julho de 2004 – Regulamenta o § 2º do artigo 36 e os artigos 39 a 41 da Lei n. 9.394, de 20 de dezembro de 1996, que estabelece as diretrizes e bases da educação nacional, e dá outras providências". In: *Diário Oficial da União,* 26/07/2004 [Disponível em http://www.planalto.gov.br/ccivil_03/_ato2004-2006/2004/decreto/d5154.htm – Acesso em 15/01/2019].

_____. *Avaliação para identificação das necessidades educacionais especiais* – Subsídios para os sistemas de ensino, na reflexão de seus atuais modelos de avaliação. Brasília: MEC/Seesp, 2002 [Disponível em http://portal.mec.gov.br/seesp/arquivos/pdf/avaliacao.pdf – Acesso em 20/02/2019].

_____. *Resolução CNE/CEB n. 2, de 11 de setembro de 2001* – Institui as Diretrizes Nacionais para a Educação de Pessoas com Necessidades Educacionais Especiais, na Educação Básica, abrangendo todos seus níveis e modalidades. Brasília, 2001 [Disponível em http://portal.mec.gov.br/cne/arquivos/pdf/CEB0201.pdf – Acesso em 13/07/2018].

_____. "Parecer CNE/CEB n. 16, aprovado em 5 de outubro de 1999 – Estabelece as Diretrizes Curriculares Nacionais para a Educação Profissional de Nível Técnico – Homologado em 25/11/99". In: *Diário Oficial da União*, 26/11/1999 [Disponível em http://www.educacao.pr.gov.br/arquivos/File/pareceres/parecer161999.pdf – Acesso em 15/09/2018].

_____. "Lei n. 9.394, de 20 de dezembro de 1996 – Estabelece as Diretrizes e Bases da Educação Nacional". In: *Diário Oficial da União*, 23/12/1996 [alterada por diversas leis de 1997 a 2017]. [Disponível em http://www.planalto.gov.br/ccivil_03/leis/L9394.htm – Acesso em 10/10/2018].

_____. "Lei n. 8.213, de 24 de julho de 1991 – Dispõe sobre os planos de benefícios da previdência social e dá outras providências". In: *Diário Oficial da União*, 25/07/1991 [Disponível em http://www.planalto.gov.br/ccivil_03/LEIS/L8213cons.htm – Acesso em 19/11/2018].

_____. "Lei n 4.024, de 20 de dezembro de 1961 – Fixa as Diretrizes e Bases da Educação Nacional". In: *Diário Oficial da União*, 27/12/1961 [Disponível em http://www.planalto.gov.br/ccivil_03/LEIS/L4024.htm – Acesso em 12/11/2018].

BRASIL/MEC/Seesp. *Saberes e práticas da inclusão*: introdução. 2 ed. rev. Brasília: MEC/Seesp, 2002 [Disponível em http://portal.mec.gov.br/seesp/arquivos/pdf/introducao.pdf – Acesso em 12/02/2018].

BRASIL/Ministério da Educação e do Desporto. *Parâmetros Curriculares Nacionais*: adaptações curriculares – Estratégias para a educação de alunos com necessidades educacionais especiais. Brasília, 1998.

BRASIL/Ministério da Educação. *Referenciais curriculares nacionais da educação profissional de nível técnico*. Brasília, 2000 [Disponível em http://portal.mec.gov.br/setec/arquivos/pdf/introduc.pdf – Acesso em 12/09/2018].

BRASIL/Ministério da Educação/Instituto Benjamin Constant. *Ensino Superior*. Rio de Janeiro, 2019a [publicado em 17/12/2018; última atualização em 21/02/2019] [Disponível em http://www.ibc.gov.br/educacao-superior – Acesso em 25/02/2019].

_____. *IBC abre inscrições para primeiros cursos técnicos de nível médio*. Rio de Janeiro, 2019b [publicado em 05/02/2019; última atualização em 07/02/2019] [Disponível em http://www.ibc.gov.br/component/content/article?id=909 – Acesso em 12/02/2019].

_____. *Núcleo de Capacitação e Empregabilidade (Nucape)*. Rio de Janeiro, 2019c [publicado em 17/11/2016; última atualização em 21/02/2019] [Disponível em http://www.ibc.gov.br/nucleo-de-capacitacao-e-empregabilidade – Acesso em 23/02/2019].

BRASIL/Ministério da Educação/Instituto Nacional de Educação de Surdos. *Conheça o Ines*. Rio de Janeiro, 2007 [Disponível em http://www.ines.gov.br/conheca-o-ines – Acesso em 12/12/2018].

_____. *O que fazemos*. Rio de Janeiro, s.d. [Disponível em http://www.ines.gov.br/o-que-fazemos –Acesso em 25/09/2018].

BRASIL/Secretaria de Formação e Desenvolvimento Profissional. *Planfor: Plano Nacional de Formação Profissional* – Termos de referência dos programas de educação profissional, nacionais, estaduais, emergenciais. Brasília, 1996.

BRASIL/Senado Federal. *Constituição da República Federativa do Brasil*. Brasília, 1988 [Disponível em http://www.planalto.gov.br/ccivil_03/Constituicao/Constituicao.htm – Acesso em 14/04/2018].

CARNEIRO, M.A. *Educação profissional para pessoas com deficiência*: cursos e programas inteligentes. Brasília: Instituto Interdisciplinar de Brasília, 2005.

CARVALHO, E.N.S. (org.). *Programa de capacitação de recursos humanos do Ensino Fundamental*: deficiência mental. Brasília: Seesp, 1997 [Atualidades Pedagógicas, 3].

CARVALHO, F. "Reflexões em torno da inclusão em contexto educativo". In: FREITAS, S.N. (org.). *Tendências contemporâneas de inclusão*. Santa Maria: Ed. UFSM, 2008.

CARVALHO, R.E. *Educação inclusiva com os pingos nos is*. Porto Alegre: Mediação, 2004.

CASTRO, S.F. & FREITAS, S.N. "As representações sociais dos professores de alunos com Síndrome de Down incluídos nas classes comuns do ensino regular". In: FREITAS, S.N. (org.). *Tendências contemporâneas de inclusão*. Santa Maria: Ed. UFSM, 2008.

CORRÊA, R.M. "Forma-ação de professores". In: GUIMARÃES, T.M. (org.). *Educação inclusiva*: construindo significados novos para a diversidade. Belo Horizonte: Secretaria de Estado da Educação de Minas Gerais, 2002 (Lições de Minas; 22).

CORREIA, J.A. "Formação e trabalho: contributos para uma transformação dos modos de pensar na sua articulação". In: *VI Colóquio Nacional da Aipelf/Afirse*. Lisboa, 16-18/11/1995.

CURY, C.R.J. *Os fora de série na escola*. Campinas: Armazém do Ipê/Autores Associados, 2005.

DUEK, V.P. "Formação continuada: análise dos recursos e estratégias de ensino para a educação inclusiva sob a ótica docente". In: *Educação em Revista*, vol. 30, n. 2, ago./2014.

DUK, C. *Educar na diversidade*: material de formação docente. 3. ed. Brasília, MEC/Seesp, 2006.

FRASER, N. "Da redistribuição ao reconhecimento? Dilemas da justiça na era pós-socialista". In: SOUZA, J. (org.). *Democracia hoje*: novos desafios para a teoria democrática contemporânea. Brasília: Ed. UnB, 2001.

FREITAS, S.N. "Sob a ótica da diversidade e da inclusão: discutindo a prática educativa com alunos com necessidades educacionais especiais e a formação docente". In: FREITAS, S.N. (org.). *Tendências contemporâneas de inclusão*. Santa Maria: Ed. UFSM, 2008, p. 19-30.

GARCIA, R.M.C. "Política de educação especial na perspectiva inclusiva e a formação docente no Brasil". In: *Revista Brasileira de Educação*, vol. 18, n. 52, jan./mar. 2013.

GOMES, H.M. & MARINS, H.O. *A ação docente na educação profissional*. São Paulo: Ed. Senac, 2004.

GOMES, N.L. "Diversidade e currículo". In: BRASIL/Ministério da Educação/Secretaria de Educação Básica/Departamento de Políticas de Educação Infantil e Ensino Fundamental. *Indagações sobre Currículo*. Brasília, 2007.

KUENZER, A.Z. "Globalização e educação: novos desafios". In: *Anais do IX Encontro Nacional de Didática e Prática de Ensino*. Águas de Lindoia, 1998, vol. 1, p. 116-135.

LATAS, Á.P. "O desenvolvimento local: um argumento para uma educação mais inclusiva". In: RODRIGUES, D. (org.). *Educação in-*

clusiva: dos conceitos às práticas de formação. 2. ed. Lisboa: Instituto Piaget, 2012 [Coleção Horizontes Pedagógicos].

MACEDO, L. *Fundamentos para uma educação inclusiva*, 2002 [Disponível em http://www.educacaoonline.pro.br/index.php?option =com_content&id=89%3Afundamentos-para-uma-educacao-inclusiva&Itemid=17 – Acesso em 14/04/2018].

MANICA, L. & CALIMAN, G. *A educação profissional para pessoas com deficiência*: um novo jeito de ser docente. Brasília: UnB/Unesco, 2015.

_____. "As características, habilidades e competências exigidas para o docente atuar na educação profissional com alunos com algum tipo de deficiência". In: *Boletim técnico*, vol. 40, n. 2, mai.--ago./2014, p. 54-73 [Rio de Janeiro: Senac].

MAZZOTTA, M.J.S. *Educação especial no Brasil*: História e políticas públicas. 5. ed. São Paulo: Cortez, 2005.

MICHELS, M.H. "Gestão, formação docente e inclusão: eixos da reforma educacional brasileira que atribuem contornos à organização escolar". In: *Revista Brasileira de Educação*, vol. 11, n. 33, set./dez./2006.

MINAS GERAIS/Secretaria de Estado da Educação. *Projeto Incluir* – Caderno de textos para formação de professores da rede pública de ensino de Minas Gerais. Belo Horizonte, 2006.

MOREIRA, A.F.B. "Currículo e controle social, 1992". In: PARAÍSO, M.A. (org.). *Antônio Flávio Barbosa Moreira* – Pesquisador em currículo. Belo Horizonte: Autêntica, 2010.

MOREIRA, A.F.B. "Currículo, diferença cultural e diálogo". In: *Educação & Sociedade*, n. 79, ago./2002, p. 15-38 [Campinas: Cedes] [Disponível em http://www.scielo.br/pdf/es/v23n79/10847.pdf – Acesso em 12/03/2018].

OLIVEIRA, C.S. "Políticas públicas: um mapeamento das produções acadêmicas da linha de pesquisa em educação especial do Programa de Pós-graduação em Educação da UFSM". In: COSTAS, F.A.T. & PAVÃO, S.M.O. *Pesquisa em Educação Especial* – Referências, percursos e abordagens. Curitiba: Appris, 2015.

OMOTE, S. "A formação do professor de educação especial na perspectiva da inclusão". In: BARBOSA, R.L.L. (org.). *Formação de educadores*: desafios e perspectivas. São Paulo: Ed. Unesp, 2003.

PAIXÃO, C.J. & NUNES, C.C. "No território do Ensino Fundamental: demarcações na cultura curricular como experiência vivida de professores". In: *Revista e-Curriculum*, vol. 13, n. 3, jul./set./2015, p. 519-533 [ISSN: 1809-3876 – Programa de Pós-graduação Educação: Currículo – PUC/SP] [Disponível em http://revistas.pucsp.br/index.php/curriculum – Acesso em 13/09/2018].

PARANÁ/Secretaria de Estado da Educação. *Os desafios da escola pública paranaense na perspectiva do professor* – PDE. Produções Didático-pedagógicas, 2013 [Disponível em http://www.diaa diaeducacao.pr.gov.br/portals/cadernospde/pdebusca/producoes _pde/2013/2013_uem_edespecial_pdp_elizabete_aparecida_da_ silva_santos.pdf – Acesso em 15/09/2018].

PRIOSTE, C.; RAIÇA, D. & MACHADO, M.L.G. *10 questões sobre a educação inclusiva da pessoa com deficiência mental*. São Paulo: Avercamp, 2006.

REHEM, C.M. *Perfil e formação do professor da educação profissional técnica*. São Paulo: Senac, 2009.

RIBAS, M.H. *Construindo a competência*: processo de formação de professores. São Paulo: Olho d'Água, 2000.

SANTOS, J. *Educação profissional e práticas de avaliação*. São Paulo: Senac, 2010.

SASSAKI, R.K. "A escola para a diversidade humana: um novo olhar sobre o papel da educação no século XXI". In: GUIMARÃES, T.M. (org.). *Educação inclusiva*: construindo significados novos para a diversidade. Belo Horizonte: Secretaria de Estado da Educação de Minas Gerais, 2002 [Lições de Minas, 22].

_____. *Inclusão*. Construindo uma sociedade para todos. Rio de Janeiro: WVA, 1997 [5. ed., 2010].

SILVA, A.M.M. "A formação docente na perspectiva da educação inclusiva e a relação com os direitos humanos". In: SILVA, A.M.M. (org.). *Educação inclusiva e direitos humanos*: perspectivas contemporâneas. São Paulo: Cortez, 2015.

_____. *Políticas de educação profissional para pessoa com deficiência*. Belo Horizonte: UFMG, 2011 [tese de doutorado em Educação].

SILVA, L.M. O estranhamento causado pela deficiência: preconceito e experiência. *Revista Brasileira de Educação*. vol. 11, n. 33, set./dez. 2006, p. 424-434.

SOUZA, S.F. "Educação especial: caminhos e (des)caminhos". In: *Paideia*, ano 11, n. 17, jul./dez., 2014, p. 11-34.

_____. *Políticas para a educação inclusiva*: formação de professores. Belo Horizonte: PUC-MG, 2008 [dissertação de mestrado].

UNESCO. *Declaração mundial de Salamanca e linhas de ação sobre necessidades educativas especiais*: acesso e qualidade. 1994.

VIÉGAS, C.M.C. *Educação profissional*: indicações para a ação – A interface educação profissional/educação especial. Brasília: MEC/Seesp, 2003.

WEISS, M.L.L. *Psicopedagogia clínica* – Uma visão diagnóstica dos problemas de aprendizagem escolar. Rio de Janeiro: Lamparina, 2016.

CULTURAL

Administração
Antropologia
Biografias
Comunicação
Dinâmicas e Jogos
Ecologia e Meio Ambiente
Educação e Pedagogia
Filosofia
História
Letras e Literatura
Obras de referência
Política
Psicologia
Saúde e Nutrição
Serviço Social e Trabalho
Sociologia

CATEQUÉTICO PASTORAL

Catequese
Geral
Crisma
Primeira Eucaristia

Pastoral
Geral
Sacramental
Familiar
Social
Ensino Religioso Escolar

TEOLÓGICO ESPIRITUAL

Biografias
Devocionários
Espiritualidade e Mística
Espiritualidade Mariana
Franciscanismo
Autoconhecimento
Liturgia
Obras de referência
Sagrada Escritura e Livros Apócrifos

Teologia
Bíblica
Histórica
Prática
Sistemática

VOZES NOBILIS

Uma linha editorial especial, com importantes autores, alto valor agregado e qualidade superior.

REVISTAS

Concilium
Estudos Bíblicos
Grande Sinal
REB (Revista Eclesiástica Brasileira)

VOZES DE BOLSO

Obras clássicas de Ciências Humanas em formato de bolso.

PRODUTOS SAZONAIS

Folhinha do Sagrado Coração de Jesus
Calendário de mesa do Sagrado Coração de Jesus
Agenda do Sagrado Coração de Jesus
Almanaque Santo Antônio
Agendinha
Diário Vozes
Meditações para o dia a dia
Encontro diário com Deus
Guia Litúrgico

CADASTRE-SE
www.vozes.com.br

EDITORA VOZES LTDA.
Rua Frei Luís, 100 – Centro – Cep 25689-900 – Petrópolis, RJ
Tel.: (24) 2233-9000 – Fax: (24) 2231-4676 – E-mail: vendas@vozes.com.br

UNIDADES NO BRASIL: Belo Horizonte, MG – Brasília, DF – Campinas, SP – Cuiabá, MT
Curitiba, PR – Fortaleza, CE – Goiânia, GO – Juiz de Fora, MG
Manaus, AM – Petrópolis, RJ – Porto Alegre, RS – Recife, PE – Rio de Janeiro, RJ
Salvador, BA – São Paulo, SP